Jan-Werner Müller

Qu'est-ce que le populisme ?

Définir enfin la menace

Traduit de l'allemand
par Frédéric Joly

Gallimard

Titre original :
WAS IST POPULISMUS ? EIN ESSAY

Né en 1970, Jan-Werner Müller enseigne la théorie politique et l'histoire des idées à l'université de Princeton (États-Unis).

Pour Heidrun Müller

En guise d'ouverture

QUI, AU JUSTE, N'EST PAS POPULISTE ?

Des populistes, partout où le regard se pose : en 2015, une coalition de populistes de gauche et de droite grecs a tenu en haleine non seulement la Grèce, mais l'Europe entière ; en Espagne, où le système partisan qui succéda au franquisme est désormais réduit à néant, les populistes ont le vent en poupe ; en France, le Front national est depuis longtemps déjà partie intégrante du système politique (son fondateur, Jean-Marie Le Pen, était il y a *soixante* ans sur les bancs du Parlement français), et même si Marine Le Pen ne devait pas remporter les présidentielles de 2017, le Front national gagne toujours plus en influence : Nicolas Sarkozy, par exemple, fait actuellement figure de « Le Pen light ». Avec Viktor Orbán, Jarosław Kaczyński et le Slovaque Robert Fico, des politiciens communément désignés comme populistes ont entre-temps accédé au pouvoir dans trois des quatre États du groupe dit de Visegrád (alors qu'il fut un temps où les pays dudit groupe de Visegrád étaient considérés comme les pionniers d'une transition réussie censée conduire du socialisme d'État à la démocratie libérale et à l'économie de marché ; Viktor Orbán défend maintenant avant tout une vision explicitement illibérale de l'État)[1]. Dès 2010, Herman Van Rompuy, l'ancien président du Conseil européen, avertissait que « le grand danger [était] le populisme » ; et une telle mise en garde n'avait, déjà à l'époque, rien d'étonnant[2].

Et le populisme ne menace pas, à l'évidence, que l'Europe. Aux États-Unis, le débat autour du Tea Party, une formation souvent désignée comme relevant d'un « populisme de droite », est certes retombé, mais Donald Trump, candidat aux présidentielles du camp républicain, fait, depuis le milieu de l'année 2015, non pas seulement fureur, mais tout simplement scandale : depuis les années 1960, aucun acteur politique de cette importance ne s'était moqué avec une telle impudence des minorités (notamment des femmes), les insultant même parfois avec une extrême grossièreté. L'étiquette « populiste » lui a dans l'intervalle été accolée par de nombreux commentateurs, la chose étant même devenue anodine : maints observateurs n'hésitent même plus à traiter le magnat de l'immobilier de « fasciste ».

En revanche, en Amérique latine, la « vague rose » des courants populistes qui avait atteint les palais présidentiels (Hugo Chávez en tête) a reflué. Mais Rafael Correa et Evo Morales, deux politiciens ordinairement présentés comme des « populistes de gauche », tiennent encore les commandes de leurs pays respectifs ; comme l'avait fait Chávez au Venezuela, ils en ont fondamentalement transformé les systèmes politiques ; aujourd'hui, ils font figure de modèles aux yeux de certains intellectuels européens (avant tout en Grèce et en Espagne). Ceux-là souhaitent en effet que l'Europe du Sud prenne modèle sur ces tentatives mises en œuvre en Amérique latine, au fil desquelles le *pueblo*, le peuple, a balayé les oligarchies[3]. D'aucuns considèrent que la politique, à l'avenir, et sur l'ensemble du Vieux Continent, a toutes les chances de se transformer en un combat opposant des populistes de droite à des populistes de gauche inspirés par des théoriciens latino-américains[4].

Ce premier panorama n'est qu'un instantané ; surtout, il ne montre qu'une petite partie du paysage politique global : il n'a pas été encore question de la situation de l'Allemagne, du mouvement Pegida ou du parti Alternative für Deutschland (AfD), pas plus que du populisme en Asie (on pense surtout ici à la Thaïlande). Cet essai n'offrira pas une histoire du populisme à l'échelle du monde et ne s'épuisera pas non plus à courir après l'actualité politique du jour. Au lieu de cela, j'entends bien répondre à la question consistant à savoir ce qu'est à proprement parler le populisme (ou, pour le formuler autrement, j'entends répondre à la question de savoir *qui*, véritablement, peut être considéré comme un populiste) et en quoi consiste exactement le « problème » du populisme, ce « problème » dont Van Rompuy a pu souligner, nous l'avons vu, l'urgence. Les acteurs politiques évoqués dans les lignes qui précèdent sont-ils vraiment tous des populistes ? Des politiciens tout ce qu'il y a de plus « mainstream » n'ont-ils pas été, eux aussi, déjà désignés comme tels ? Helmut Kohl, pour sa popularité ; Gerhard Schröder, qui voulait offrir aux travailleurs une « bonne grosse part du gâteau » (et qui, devant les caméras, singeait une gouaille censée être populaire, du genre « Va'm chercher une bon' chop' de bière, s'non j'te fais la grève ici ») ; et même Angela Merkel, qui certes ne parle pour ainsi dire jamais du « peuple », préférant fréquemment parler « des humains », comme si elle était l'unique représentante qui puisse se concevoir de la part allemande de l'humanité. Les politiques, en démocratie, ne veulent-ils pas tous — ne doivent-ils pas tous — « prêter attention au peuple » ? Si la faculté de jugement politique, qui selon Hannah Arendt est libre, consiste avant tout à pouvoir établir des distinctions, alors il est permis de dire que la capacité de jugement ne se porte peut-être pas si bien que cela en Europe, dans la mesure où aujourd'hui tout, absolument tout, y est l'objet d'amalgames, sans le moindre état d'âme.

C'est dans les débats consacrés au populisme que les émotions se déchaînent avec le plus de violence. Les populistes se voient sans cesse reprocher d'encourager une politique de l'émotion (ou même une politique « des tripes »). Toutefois, ceux qui jugent négativement le populisme semblent avoir eux-mêmes les plus grandes difficultés à garder la tête froide : ils ne tardent jamais à parler de « pathologies », de « défiguration de la démocratie », de fausse conscience ou même d'« ochlocratie » (domination de la foule) ; les tenants du populisme, pour leur part, ripostent en avançant que leurs adversaires ne souffrent de rien de moins que d'« une haine de la démocratie » ou de « démophobie », et donc d'une peur du peuple, ou même d'une peur des « gens normaux ».

Certains théoriciens de gauche déplorent toujours plus que les partis établis utilisent comme bon leur semble l'accusation suprême de populisme dans le but de réduire au silence toute critique des rapports néo-libéraux dominants. Les voix nationalistes qui se font entendre en Europe ne disent pas autre chose lorsqu'elles affirment que tout « non » exprimé à l'occasion des référendums portant sur les traités européens se verra automatiquement disqualifié par Bruxelles, car « populiste » et donc nul et non avenu. Il n'est ainsi pas étonnant que Marine Le Pen ait considéré comme un certificat de démocratie l'étiquette de « populiste » qui lui est accolée. Le populisme, a-t-elle en effet affirmé, signifie défendre le peuple et tout particulièrement les « oubliés » contre les élites. Viktor Orbán s'était déjà exprimé à ce sujet de façon très similaire il y a des années. Quant à l'un des cofondateurs de l'AfD, Konrad Adam, il a pu déclarer lors du congrès fondateur de ce parti, qui se déroula au mois d'avril 2013 à Berlin :

> « Si nos représentants du peuple considèrent que leur mission est de placer le peuple sous tutelle, alors nous devons être suffisamment lucides pour considérer l'accusation de populisme comme une distinction honorifique. Et rappeler au monde entier que la démocratie est en son essence un phénomène populiste,

> car elle donne le dernier mot au peuple : au peuple, comme je l'ai dit, et non à ses représentants. »

Un défenseur démocrate du peuple (ou, de façon plus spécifique, des oubliés) exemplaire aux yeux de certains ne serait-il pas un populiste aux yeux de certains autres ? Le reproche de « populisme » ne serait-il pas lui-même populiste, comme le fit un jour remarquer Ralf Dahrendorf[5] ? À moins que le qualificatif de « populiste » ne soit qu'un instrument de combat, qui ne se prêterait donc que très peu à l'analyse politiste ?

Une telle conclusion serait hâtive. Après tout, d'autres concepts sont aussi âprement disputés — que l'on songe seulement à celui de « liberté » ou encore à celui de « démocratie »... Mais il est en fin de compte possible d'opérer chez ces derniers des distinctions : Poutine peut se présenter comme un démocrate, il ne l'est pas pour autant. De telles distinctions ne sont cependant pas possibles sans une théorie. Autrement dit, nous avons besoin d'une théorie critique du populisme ; et une telle théorie, à son tour, ne peut qu'être étayée en retour par une théorie de la démocratie. En effet, qui traite du populisme traite forcément de la démocratie et du libéralisme.

Pour le formuler en d'autres termes : qui ne sait dire ce qui est démocratique et ce qui ne l'est pas ne peut que rester désemparé face à des arguments prétendant que le populisme se montrerait conforme à la démocratie originelle, telle qu'elle fut pensée à l'origine, se révélant même « hyperdémocratique », quand bien même les populistes dépasseraient quelquefois les bornes. Le populisme, entend-on fréquemment, serait ainsi un « correctif utile » et même un « carburant » pour une démocratie libérale où les éléments non démocratiques (disons le libéralisme économique) auraient gagné en force d'une façon ou d'une autre[6]. D'autres affirment son utilité au motif que les populistes aborderaient les problèmes qui préoccupent véritablement les citoyens, des problèmes au sujet desquels personne n'oserait s'exprimer, ou qui seraient passés sous silence par les « partis établis »[7]. En résumé, même si l'on doit quelquefois se boucher le nez, « la démocratie a besoin du populisme », comme a pu l'affirmer un jour le politologue brêmois Lothar Probst, dont la sensibilité démocrate ne fait aucun doute[8].

Peut-être le débat sur le populisme n'est-il qu'un symptôme, se demandent certains. Un symptôme laissant penser que, d'un côté, les démocrates redoutent une domination libérale, de facto « post-démocratique », sans véritable participation populaire, et que, de l'autre, les élites libérales craignent une démocratie où les citoyens illibéraux représenteraient la majorité. Des personnalités aussi différentes que Viktor Orbán et la philosophe Chantal Mouffe, qui prône une démocratie radicale, reprennent à leur compte ce clivage strict entre libéralisme et démocratie — ce qui ne signifie pas pour autant que de supposés « extrêmes » se rejoignent toujours d'une façon ou d'une autre, ni qu'il est possible de parler de façon convaincante d'une symétrie entre populisme de gauche et populisme de droite (comme le suggèrent régulièrement lesdits spécialistes de l'extrémisme). Cela ne signifie qu'une chose : une théorie de la démocratie adéquate s'impose afin d'en juger. Dans cette optique, une théorie du populisme est nécessairement une théorie de la démocratie.

Le populisme, pour préfigurer la thèse principale du présent essai, peut fréquemment sembler démocratique, et même sembler relever de la démocratie radicale. Il peut aussi, de temps à autre, générer des effets positifs pour la démocratie. Cependant, un fait est ici décisif : le populisme n'est pas en soi démocratique et tend même, sans aucun doute, à être anti-démocratique[9]. Afin de bien saisir cette réflexion, qui sera développée en détail dans les pages qui suivent, mieux vaut s'en tenir à une théorie générale de la démocratie, et par là même non sujette à controverses. Il suffit pour cela d'accepter quelques-uns des principes fondamentaux de la démocratie représentative moderne — des principes fondamentaux qui, en dépit de maints bavardages hystériques sur la post-démocratie ou la démocratie post-représentative, ne devraient pas être mis en question, ni sur le plan normatif ni sur le plan empirique. Pour autant, nous ne sommes pas toujours très clairement conscients de ces principes, de leur justification ou encore de leurs limites. Étudier le populisme peut donc aussi nous conduire indirectement à mieux nous comprendre nous-mêmes, à mieux comprendre ce que nous attendons exactement de la démocratie, à mieux comprendre les défis auxquels elle fait actuellement face, et de quelles illusions sur le « pouvoir populaire » nous ferions mieux de nous défaire si nous voulons éviter de tomber dans le panneau non démocratique (et non pas seulement illibéral) des populistes.

Mais une théorie de la démocratie ne nous suffira pas ici ; nous avons également besoin d'autre chose : en l'occurrence, de l'Histoire (celle-ci, nous le savons, ne se laissant toutefois pas narrer sans que soient établies préalablement à son sujet des distinctions de nature théorique). Les débats sur le populisme laissent bien souvent penser que ce phénomène n'existerait que depuis quelques années, que nous vivrions actuellement un « moment populiste » unique en son genre, ou même une « situation populiste » sans précédent[10]. Dans l'introduction à un volume collectif qui allait exercer en son temps une grande influence, Ernest Gellner et Ghita Ionescu, chercheurs en sciences sociales, écrivaient dès la fin des années 1960 les lignes suivantes : « Un spectre hante le monde — le populisme[11]. » Ce volume était le fruit d'un colloque important qui s'était tenu dans les murs de la London School of Economics et à l'occasion duquel des historiens, des sociologues et des politistes s'étaient proposés de définir le « populisme ». Ils n'y étaient pas parvenus. Mais l'ouvrage issu de ce colloque conduisit de façon symptomatique nombre d'intellectuels à recourir dès cette époque au terme de « populisme » à propos de phénomènes très divers, du maoïsme au « nationalisme économique », qui allait jouer un rôle important après la décolonisation, en passant par un agrarianisme aujourd'hui pratiquement oublié. Le diagnostic de populisme semblait souvent bien plus témoigner des préoccupations et des angoisses politiques des chercheurs que des phénomènes empiriques concernés. Dans le même temps, le terme de « populisme » traînait déjà à l'époque tout un passif de connotations historiques et normatives extrêmement diverses (parmi lesquelles l'idée qu'il était lié au « paysannat »). C'est encore le cas.

Ce qui, de temps à autre, est appelé « *conceptual stretching* » ou « étirement conceptuel » est problématique sur le plan scientifique. C'est que ce genre d'opération empêche de véritablement circonscrire le phénomène étudié[12]. Ce genre d'opération est aussi problématique sur le plan politique. En effet, du moins en Europe, celui qui peut accoler à autrui l'étiquette de « populiste » a déjà politiquement marqué beaucoup de points contre lui. Qui se voit accolé une telle étiquette est ensuite automatiquement associé dans l'opinion publique à des figures telles que Jean-Marie Le Pen ou Jörg Haider, qui constituent finalement des repoussoirs pour de nombreux citoyens, y compris lorsqu'ils sont décidés à exprimer d'une manière ou d'une autre leur mécontentement. Le concept de populisme est devenu une sorte de contenant accueillant subrepticement toutes les composantes idéologiques possibles et imaginables. Viktor Orbán, Jarosław Kaczyński et le mouvement Podemos, par exemple, sont ainsi jetés dans le même sac. On affirmera alors que tous jouent sur « le clavier socialiste-national, les uns tapant un peu plus sur les touches noires (nationales) et les autres un peu plus sur les blanches (socialistes) », toujours avec un semblant de légitimation démocratique. Cette manière de mettre sur le même plan touches noires (nationales) et touches blanches (socialistes), et donc plutôt rouges, conduit très vite certains à avancer le genre d'argument suivant :

> « Lorsqu'un Donald Trump exige que les musulmans soient interdits d'entrée sur le territoire américain, et quand des chefs d'État d'Europe de l'Est ne veulent tout au plus, face aux vagues de migrants, qu'accueillir des chrétiens, le danger pour les libertés publiques est évident. Mais ce danger existe aussi lorsque des majorités se prévalant d'un semblant de légitimation démocratique se mettent à harceler des minorités. Relève d'une telle attitude la redistribution des revenus et des fortunes au nom de la "justice sociale"[13]. »

Le concept de populisme permet soudain ici de subsumer les malheureuses classes fortunées sous la catégorie des « minorités vulnérables ». Pourtant, il existe bien des populistes néo-libéraux, y compris en Amérique latine, paradis supposé des zélateurs de la redistribution gauchiste. L'ancien président péruvien Alberto Fujimori en constitue un exemple. Même l'ancien président argentin Carlos Menem, successeur autoproclamé du péronisme, a été présenté comme un « populiste néo-libéral »[14]. On oublie aussi pour l'essentiel que le Front national était jadis favorable au libéralisme de marché (et était même pro-européen !) et que la Ligue du Nord italienne défendait autrefois les mêmes idées. On a souvent dit du populisme qu'il était un « caméléon » : pour ce qui est des contenus politiques et des cadres idéologiques, il semble pouvoir pratiquement tout endosser — la logique du *anything goes*, du tout est permis[15].

Le présent ouvrage se propose de développer un concept de populisme plus précis — ou, si l'on veut, un idéal-type, au sens de Max Weber — qui permette d'opérer des distinctions entre des phénomènes politiques réellement existants. Toutefois — et je l'ai déjà souligné de façon très explicite —, les postulats théoriques fondamentaux (relevant en l'espèce d'une théorie de la démocratie) et historiques qui m'aideront à élaborer ce concept resteront suffisamment généraux afin d'éviter qu'un point de vue normatif spécifique vienne donner sa couleur à la démonstration. Mon espoir est que, d'une part, les deux premiers chapitres contribuent à la compréhension du mode de raisonnement des populistes et de ce qu'ils considèrent comme étant la politique à mener, et qu'ils persuadent, d'autre part, le lecteur que les populistes, contrairement à une opinion largement reçue, peuvent tout à fait gouverner et imposer la politique qui leur semble devoir l'être. Dans le même temps, il me faudra expliquer pourquoi j'affirme ici, et fermement, que le populisme tend toujours à être hostile à la démocratie, qu'il n'est pas seulement une idéologie dont les représentants, comme on l'entend fréquemment, pousseraient juste un peu loin l'idée (pourtant d'essence démocratique, il est vrai) d'une mise en application directe de la volonté du peuple — raison pour laquelle les libéraux s'en plaignent toujours, alors qu'il est pourtant dans l'ordre des choses, fût-ce en des temps néo-libéraux, que le libéralisme se heurte à l'occasion à des vents contraires ou se voie battu en brèche.

Cet ouvrage développera tout particulièrement l'idée suivante : le populisme est l'ombre portée de la démocratie représentative ; il est un phénomène spécifiquement moderne. Le populisme n'existait pas dans l'Athènes de l'Antiquité. La démagogie existait alors très probablement ; de grands démagogues de toutes sortes, qui pouvaient inciter une masse versatile et démunie à soutenir une politique déraisonnable, existaient très probablement aussi ; mais le populisme, à cette époque, n'existait pas. Les populistes affirment : « Nous sommes le peuple ! » Pareille revendication, qui est toujours d'ordre moral, et en rien d'ordre empirique (et qui, dans le même temps, est une déclaration de guerre politique), signifie ceci : « Nous — et nous seuls — représentons le peuple. » Tous ceux qui pensent autrement, qu'il s'agisse de manifestants descendant dans la rue ou de députés, se voient ainsi frappés par eux d'illégitimité, et ce sans considération aucune pour les pourcentages de voix ayant officiellement conduit un représentant du peuple sur les bancs d'une chambre haute. Tous les populistes sont hostiles à l'« establishment ». Mais il ne suffit pas de critiquer les élites pour être un populiste. Les populistes sont nécessairement anti-pluralistes : ceux qui s'opposent à eux et contestent leur revendication morale d'un monopole de la représentation populaire se voient automatiquement exclus par eux du « vrai peuple ». Or il ne peut y avoir de démocratie sans pluralisme. Jürgen Habermas l'a formulé de façon claire et concise : le peuple « ne se manifeste qu'au pluriel[16] ». Et la démocratie ne connaît en définitive que des chiffres : ce sont les pourcentages de voix qui décident de qui représente les citoyens (pour reprendre des termes de Claude Lefort ; en démocratie, le nombre décompose l'unité de la substance). Ce fait-là pourrait passer pour une banalité, mais il est d'une importance décisive lorsqu'il s'agit de se confronter aux populistes, qui affirment représenter et mettre à exécution la volonté du peuple — et qui, en réalité, instrumentalisent une représentation symbolique du soi-disant « vrai peuple » afin de discréditer des institutions démocratiques qui, hélas pour eux, leur échappent. C'est pour toutes ces raisons que j'affirme que les populistes ont tendance à montrer de l'hostilité à l'encontre de la démocratie.

Mais un tel jugement suppose nécessairement d'apporter des propositions de réponse à la question suivante : comment s'y prendre en pratique avec les populistes ? Tel sera le propos de la troisième et dernière partie de l'ouvrage. Ce débat, là encore, nous le savons, n'est absolument pas nouveau. Depuis de nombreuses années, acteurs et commentateurs politiques oscillent entre deux options : d'un côté, la stratégie consistant à exclure résolument les populistes du jeu politique et, de l'autre, l'idée qu'il pourrait être sensé de reprendre sélectivement des thématiques et recettes populistes et d'amenuiser ce faisant leur influence. Des exemples convaincants, qui sont toutefois souvent détachés de leur contexte historique et culturel spécifique, peuvent respectivement plaider en faveur de chacune de ces deux options. J'aimerais, pour ma part, demander avant tout *sur le plan normatif* quelle pourrait être la bonne manière de se confronter aux populistes sans contribuer à consolider encore leur manière de se mettre en scène, de se présenter en victimes des élites libérales.

C'est une erreur, telle est ma thèse, que de psychologiser le populisme. Quant aux populistes, c'est à leur revendication morale consistant à affirmer qu'eux seuls représentent le peuple — et non pas à leur état d'esprit — qu'on les reconnaît. Qui pense d'emblée que le vivier électoral des populistes se compose uniquement des perdants de la modernisation et de la globalisation, des perdants guidés par leur supposé « ressentiment », leurs supposées « inquiétudes » et « angoisses », se facilite un peu trop la tâche. La politique est alors ravalée à de la thérapie de groupe — et dans la mesure où, de toute façon, seules des « angoisses » diffuses seraient ici exprimées, nul besoin, à vrai dire, d'écouter et de prendre au sérieux les arguments avancés... Pourtant, nous sommes en droit d'exiger de ceux qui entendent défendre la démocratie qu'ils se confrontent les yeux dans les yeux aux populistes (au lieu de vouloir, avec condescendance, les soigner, ou même, comme en Allemagne, de laisser tacitement aux anti-fascistes le soin de distribuer quelques cocards à ceux qui se définissent eux-mêmes comme des « patriotes de l'Occident »).

Avant toute chose : si la formule populiste « nous sommes le peuple » laissait place à un « nous *aussi* sommes le peuple », alors nous aurions là une revendication pleinement légitime de la société civile, plus exactement de ceux qui se sentent oubliés ou qui ont, de facto, été exclus. L'histoire politique des États-Unis, par exemple, nous montre que les opprimés et les marginalisés se sont assez souvent référés à un « nous » démocratique. S'ils l'ont fait, c'était toutefois pour rappeler à leurs gouvernants la promesse d'une « union plus parfaite » et lutter pour plus d'égalité — non dans le but d'exclure autrui.

Naturellement, des demandes concrètes de citoyens peuvent toujours être ensuite récusées pour de bonnes raisons. Il serait pourtant fatal de réagir à celles-ci en leur opposant un « Parce que vous voulez exclure autrui, nous vous excluons », ou même un « Parce que vous, les populistes, vous moralisez le débat politique, vous vous montrez moralement inférieurs ». In fine, le danger guette que des partis établis se mettent à affirmer eux aussi, exactement comme le font les populistes, qu'eux et eux seuls représentent les citoyens. Or, une coalition de deux grands partis autoproclamés populaires, par exemple, ne saurait représenter entièrement la population.

À une époque de mondialisation — autrement dit de frontières perméables ou même en cours d'estompement total —, les populistes ont recours au « nous » afin de suggérer une appartenance indiscutable et des frontières claires et nettes (« *notre* Occident » — et tous les « vrais » Allemands savent alors déjà de quoi il est question). La démocratie, en revanche, a bien du mal avec les évidences de ce genre, et ce tout à fait indépendamment de la globalisation. Pour être plus précis, on ne saurait en aucun cas tracer des frontières à travers un processus de décision démocratique. En effet, pour décider des frontières au nom du peuple, au nom du *demos*, il faudrait déjà savoir qui est le peuple habilité à en décider...

Cela ne signifie pas qu'il faille en définitive, en face des populistes, jeter l'éponge morale et adopter la devise « Nous, *démocrates*, restons entre nous ». Le fait est qu'il est réellement impossible de fonder une appartenance. Il était par exemple important qu'Aiman Mazyek, le président du Conseil central des musulmans d'Allemagne, affirme clairement, au cours de l'hiver 2014 / 2015, au moment où les « patriotes » du mouvement Pegida défilaient dans Dresde : « Nous sommes tous l'Allemagne » (exactement comme Manuel Valls, le Premier ministre français, trouva les mots justes après les massacres de *Charlie-Hebdo* et de l'Hyper Casher, en janvier 2015, lorsqu'il rappela à ses compatriotes que la France, sans les Juifs, ne serait pas la France). Mais de telles déclarations ne sont à vrai dire en rien des argumentations : elles constituent de brefs énoncés normatifs rappelant des principes qu'il importe d'opposer aux populistes — même s'il est permis de ressentir cela comme une tâche plus que laborieuse. « Nous sommes tous l'Allemagne » signifie aujourd'hui incontestablement autre chose qu'il y a vingt-cinq ou même cinquante ans (à l'époque, comme chacun sait, on pouvait parler de « concitoyens étrangers » sans se retrouver pris dans des dilemmes politiques). Il vaut la peine d'en rappeler les raisons. Le « nous » démocratique n'est en rien un fait qui se laisse simplement constater : il est un processus astreignant au fil duquel l'appartenance est toujours à nouveau négociée et disputée à nouveaux frais. Dans cette mesure, le diagnostic ici proposé — le populisme est dangereux pour la démocratie — n'est en rien un diagnostic sur lequel il serait ensuite possible de se reposer, en se disant « Maintenant, nous savons à quoi et à qui nous avons affaire ». Il importe aussi de se rappeler en permanence à quel point la démocratie est toujours chose difficile et nerveusement éprouvante.

Chapitre premier

LE POPULISME, EN THÉORIE...

> *« On garde toujours, en tout temps, un sentiment de coïncidence insuffisante entre la vie publique et la vie privée ; mais n'y a-t-il aucun événement de l'histoire publique qui puisse jamais être la vraie expression de celle-ci ? Moi-même, en tant qu'individu, suis-je cela que je fais, ou ce que je fais est-il un compromis, en vue de la réalisation, entre des forces inarticulées au fond de moi et des formes préexistantes et capables de transformation ? Dans la relation avec le Tout, cette petite nuance prend une importance centuplée. »*
>
> ROBERT MUSIL, « *La nation comme idéal et comme réalité*[1] »

> *« Comme tel était déjà le cas au dix-huitième siècle, le peuple n'est qu'une construction au moyen de laquelle la théorie politique atteint l'unité.*
> *Pour le dire autrement : qui le verrait s'il n'existait pas de peuple ? »*
>
> NIKLAS LUHMANN, *Die Politik der Gesellschaft* [*La Politique de la société*]

Qu'est-ce que le populisme ? Les réponses apportées à cette question montrent à quel point les chercheurs battent tout de suite en retraite. Nikolaus Werz écrit par exemple : « On ne saurait donner une définition définitive du populisme. Au fond, le constat jadis émis par Peter Alter au sujet du nationalisme vaut aussi pour le populisme — il suffit de remplacer un terme par l'autre : "Il n'y a pas de populisme, mais seulement de très diverses formes de manifestation du populisme."[2] » Hans-Jürgen Puhle, dont les nombreux travaux ont permis de bien mieux comprendre le populisme extra-européen, surtout en Amérique latine, considère que le concept de « populisme » est « imprécis, multifacettes et impressionniste » — pour n'aboutir en définitive qu'à la thèse suivante : « La cause profonde de toutes les tentations populistes de la politique démocratique est à trouver au cœur même de la démocratie moderne : dans le droit de vote pour tous. La politique, qui a besoin d'un large assentiment, tend par définition à être populiste[3]. »

La politique moderne est-elle en conséquence, d'une manière ou d'une autre, toujours populiste ? Ou bien aurions-nous seulement affaire à des formes bien précises, ou plutôt à des « formes de manifestation » bien précises de populisme, pour reprendre le terme de Werz et Alter ? Mais que partagent alors exactement ces formes ? Avant de répondre à cette question qui paraît aussi simple que délicate, je vais dans un premier temps écarter des critères de définition du populisme communément admis mais qui, en définitive, sont trompeurs. Dans un second temps, je délimiterai avec précision ce phénomène qu'est le populisme, pour mieux le distinguer d'autres phénomènes. Ma thèse consiste à avancer que la critique des élites est un critère de définition du populisme qui est nécessaire, mais en rien suffisant. Pour le dire autrement, une « attitude anti-establishment » ne suffit pas à définir correctement le populisme. À l'anti-élitisme doit encore s'ajouter un anti-pluralisme. La *revendication fondamentale* de tous les populistes consiste à affirmer constamment ceci, à peu de choses près : « Nous — et seulement nous — représentons le peuple véritable. » Je l'ai déjà souligné, nous avons là une déclaration de type moral et non pas empirique. Il s'agit d'un point sur lequel je reviendrai ; je m'attacherai alors à opérer une distinction entre représentation symbolique et représentation d'une volonté politique. Celui qui donne de la voix, qui propose des solutions économiques simplistes ou qui peste contre « ceux d'en haut », mais qui ne revendique en rien un tel monopole moral de la représentation, est certainement un démagogue ou un dilettante de l'économie, mais il n'est pas un populiste. Et il en va de même de celui qui agit sur la base d'une prétention à l'absoluité morale sans chercher à tirer sa légitimité de l'idée de peuple comme sujet collectif : celui-là n'est pas non plus un populiste — que l'on pense aux terroristes islamistes, par exemple, qui se retrouvent souvent rangés aux côtés des populistes par la grâce de concepts passe-partout du type « radicalisme », « extrémisme » ou même « anti-libéralisme ». Des terroristes de cette sorte en appellent à un collectif envisagé comme une totalité homogène, par exemple celui des fidèles respectant à la lettre l'orthodoxie à l'échelle du globe ; mais le peuple n'est pas envisagé par eux comme étant « moralement pur », il n'est pas mis en contraste avec les élites corrompues : c'est que de tels fanatiques considèrent que le peuple lui aussi est corrompu, conversion et rédemption étant à leurs yeux les seuls moyens de le sauver. Nous voyons par là que la distinction entre populisme et démocratie ne recoupe pas la distinction entre extrémisme et centre libéral et modéré (quel qu'il soit) : en Europe centrale et en Europe de l'Est surtout, des entrepreneurs de la politique aux positionnements relativement modérés revendiquent dans le même temps un monopole de la représentation populaire et disqualifient leurs adversaires politiques en les présentant comme illégitimes. Pour cette raison même, un concept comme celui de « populisme du centre » (que nous devons à Grigore Pop-Eleches) n'est en rien contradictoire en soi. Oui, en effet, il est possible de mener une politique populiste en défendant des valeurs libérales comme celles de liberté et de tolérance. Le meilleur exemple en est ici Geert Wilders, qui se sert de ces valeurs uniquement pour décréter d'en haut qui appartient au véritable peuple néerlandais et qui n'y appartient pas.

Seule une telle approche peut nous aider à envisager avec une certaine justesse des mouvances dites populistes qui, dans l'histoire politique moderne, ont joué un rôle considérable. Il importe avant tout de montrer qu'un certain nombre de mouvements du passé qui sont toujours présentés comme « populistes » ne l'étaient pas, pour l'essentiel, selon l'acception que je propose ici. Je pense notamment au People's Party, ce mouvement agrarien qui fit son apparition aux États-Unis à la charnière des XIXe et XXe siècles, ou encore au mouvement narodniki russe, un autre mouvement agrarien. Comme Helmut Dubiel l'a remarqué, le fait que la notion de populisme soit, au moins dans la sociologie anglo-saxonne, « une décalcomanie métaphorique d'un cas tiré de l'histoire sociale, celui des agrariens américains », est loin d'être insignifiant. Cela explique pourquoi cette notion revêt aux États-Unis, aujourd'hui encore, des connotations surtout positives, et même explicitement progressistes[4]. Il faut donc tout d'abord nettoyer le concept de populisme des significations qu'il a fréquemment revêtues dans l'histoire sociale, des significations qui, à l'origine, étaient descriptives mais qui, par la suite, ont revêtu, de façon subliminale, un statut normatif. Voilà pourquoi un Européen qui affirme que le populisme est non démocratique suscite aux États-Unis des réactions étonnées, sinon tout à fait outragées. C'est que le populisme, aux yeux de nombreux Américains de gauche, est une mouvance d'origine agrarienne qui, en effet, a lutté pour *plus* de démocratie, ou du moins pour la défense — une défense ultra-démocratique — des intérêts de « Main Street », autrement dit des intérêts des « petits » contre ceux de « Wall Street ».

Nous n'avons donc pas avec le populisme une sorte de « spectre » intemporel. Une fois ce concept nettoyé des significations qu'il a pu revêtir dans le passé, il apparaît que le populisme représente un danger spécifique, inhérent à la démocratie représentative moderne. Les populistes tirent profit de certaines promesses de la démocratie moderne — et avant tout des idées d'autonomie collective —, et ce sans jamais pouvoir les honorer. Dans cette mesure, c'est une erreur que d'affirmer que le populisme serait un correctif nécessaire à une démocratie de toute façon toujours défectueuse. Il importera donc, en guise de troisième étape, de faire ressortir à nouveau les différences existant entre le populisme et la démocratie, et ce de la façon la plus limpide qui soit. Reconnaissons cependant que des pans entiers de la démocratie représentative moderne contiennent effectivement en eux des éléments non démocratiques (je pense, par exemple, au principe de représentation) et ne satisfont que peu aux idéaux normatifs de l'autonomie collective. Seulement, le populisme est un mauvais moyen pour se rapprocher d'une réalisation de ces idéaux.

COMMENT APPRÉHENDER LE POPULISME ? UN CERTAIN NOMBRE DE FAUSSES PISTES

Les observateurs de sensibilité libérale en particulier se facilitent un peu vite la tâche en voulant appréhender le populisme à l'aide de critères sociologiques qui semblent à première vue évidents. L'idée qu'il serait très facile de reconnaître les populistes, en l'occurrence grâce à leurs électeurs, est tout particulièrement en vogue : ces électeurs-là se trouveraient surtout parmi les classes moyennes inférieures menacées de déclassement ou, comme on le disait jadis sans détour, dans les rangs de la petite bourgeoisie. À ce diagnostic politico-sociologique se joint fréquemment, très vite, une thèse relevant de la psychologie sociale : les partisans des partis populistes présenteraient un profil sociopsychologique très clair ; ils seraient mus par la « colère », le « ressentiment », et par des « angoisses » de déclassement. L'antisémitisme, dit un jour August Bebel, est le socialisme des imbéciles ; un Bebel d'aujourd'hui affirmerait que les « imbéciles » des classes moyennes et moyennes inférieures se tournent vers le populisme au lieu de reconnaître dans le capitalisme, armés des théories socialistes, leur véritable ennemi...

Et une autre réflexion de venir alors presque automatiquement à l'esprit : nous aurions constamment affaire, avec les politiciens populistes, à de grands démagogues faisant des promesses simplistes à des masses inquiètes, et qui, à travers des postures volontaristes, offriraient une sorte de contrepoids consolateur à tous les soucis de la vie quotidienne[5]. Les populistes, selon cette thèse, proposeraient en permanence une offre politique sursimplifiée, irresponsable, sinon tout à fait douteuse sur le plan moral, ou inviteraient à des « comportements politiques irrationnels » (Udo Di Fabio). Le populisme est simple, comme put le dire un jour Ralf Dahrendorf, la démocratie, elle, étant complexe[6].

Mais ce diagnostic n'est pas, lui-même, d'une grande complexité[7]. Constater que la ligne de démarcation séparant politique responsable et politique irresponsable ne se laisse pas toujours déterminer de façon évidente, ce n'est pas sombrer automatiquement dans le relativisme. Nul besoin, dans bien des cas, d'être un expert pour identifier clairement une politique d'incapables, bien qu'une telle politique puisse s'avérer habile sur le plan symbolique. Que l'on pense seulement au président vénézuélien Nicolás Maduro, le successeur d'Hugo Chávez, dont les initiatives se sont toujours révélées extraordinairement malheureuses, et qui, devant le naufrage du projet de Chávez d'un « socialisme pour le XXIe siècle », recherche désormais, désespérément, le soutien des militaires. Maduro pensait pouvoir lutter contre l'inflation en envoyant des soldats dans les grands magasins, afin que ces derniers collent sur les marchandises des étiquettes mentionnant des prix moins élevés (l'inflation — ainsi Maduro expliqua-t-il cette initiative — n'était provoquée que par « la bourgeoisie parasitaire »). Pour prendre un autre exemple, dans les années 1980, le Front national attirait sans cesse l'attention sur le fait qu'il y avait en France trois millions de chômeurs et trois millions d'immigrés — une équation mathématique que tout un chacun pouvait résoudre les doigts dans le nez : une fois les étrangers mis à la porte, tous les vrais Français auraient enfin un travail...

Mais les accusations de populisme ont aussi vite fait de fuser lorsque des critiques malvenues prennent par exemple pour cible les mesures monétaires de sauvetage de l'euro. Pour certains politiciens, un moyen efficace d'éluder les critiques consiste à présenter leurs auteurs comme des populistes ou des « anti-européens ». Certains tentent aussi de traiter la menace en l'envisageant comme un problème de thérapie collective : il faudrait bien sûr, affirment-ils, prendre au sérieux les angoisses des « gens » ; mais ce que disent ces gens-là sera toujours ensuite interprété par eux comme un symptôme de telle ou telle pathologie sociale, et jamais comme une critique du système méritant éventuellement réflexion. Qui tend l'oreille entend peut-être ici encore un écho de préjugés plus anciens, de préjugés prédémocratiques portant sur le « règne de la populace » ou des masses en proie aux émotions — des masses qui, fondamentalement, ne seraient pas en mesure de penser par elles-mêmes.

Cette posture des élites libérales, prêtant soi-disant attention à la population mais ne lui montrant surtout, de facto, que de la condescendance, ne fait en vérité qu'apporter de l'eau au moulin des authentiques populistes. C'est qu'elle vient précisément confirmer un soupçon nourri par beaucoup : ceux, nombreux, qui pensent que les « gens » ne sont pas pris au sérieux, ne sont pas considérés comme des citoyens responsables ; et qui soupçonnent en outre les politiciens de croire qu'il suffirait, pour résoudre le problème, de traiter adéquatement l'« angoisse du déclassement » de ces citoyens qui se montrent réceptifs aux déclarations d'intention populistes[8]. Plus préoccupant encore : nombre de ceux qui critiquent des mesures telles que la politique de sauvetage de l'euro — et qui, pour beaucoup d'entre eux, ne sont en rien des populistes — considèrent que cette réaction des élites, cette réaction de rejet, augure du pire : les systèmes démocratiques, selon eux, ne seraient absolument plus en mesure de s'autocorriger. Les démocraties croient souvent réagir aux problèmes avec plus de lenteur que les autocraties et commettre même plus d'erreurs qu'elles, mais elles s'imaginent savoir reconnaître ces erreurs, contrairement aux systèmes autoritaires, et s'imaginent encore pouvoir apprendre de ces erreurs[9]. Mais quand une critique fondamentale se voit toujours immédiatement écartée au motif qu'elle serait « populiste », alors la démocratie tourne le dos à tout ce qui la constitue. Il n'est pas étonnant dans ces conditions que de nombreux opposants à certaines décisions politiques bien précises fassent ensuite franchir à leur critique un palier supérieur et se mettent à entonner sans état d'âme ces slogans parlant de « post-démocratie » et d'« oligarchie », slogans qui, à gauche, sont d'usage courant.

En définitive, tous les diagnostics de populisme posés jusqu'ici s'appuient sur la théorie de la modernisation (il est même fréquemment et expressément question dans ces diagnostics des « perdants de la modernisation »). Les populistes, selon cette thèse, s'adresseraient à des personnes pour qui tout irait trop vite, d'une manière ou d'une autre, des personnes qui ne parviendraient plus à suivre correctement les bouleversements profonds de leur époque, des personnes qui souhaiteraient en revenir à un monde plus simple, dans l'idéal à un monde prémoderne, et qui, pour ces raisons mêmes, seraient le public tout indiqué pour des enjôleurs populistes et leurs recettes politiques très simplistes.

On peut se demander dans quelle exacte mesure la théorie de la modernisation est réellement discréditée, comme le prétendent fréquemment les chercheurs en sciences sociales. Il ne s'en trouve, c'est certain, plus que quelques-uns pour concevoir la modernisation comme un processus homogène, linéaire et inévitable à la fois (et il est même bien possible que plus personne ne pense cela...). De surcroît, il est aisé de démontrer que nombre d'opinions courantes sur le populisme sont précisément issues de la grande époque de la théorie de la modernisation — disons les années 1950 et 1960. Et il est par ailleurs aisé de démontrer que ces opinions, le plus souvent extrêmement normatives, sont aujourd'hui fréquemment adoptées, et de façon fort irréfléchie, par des personnes qui, ce point excepté, n'entretiennent strictement aucun rapport avec cette théorie[10]. Ceux qui envisagèrent en pleine guerre froide le populisme comme une affaire de ploucs paranoïaques et anti-modernes étaient avant tout des théoriciens américains libéraux, souvent formés à l'école de Max Weber (ou, pour le dire plus précisément, formés à la version de la pensée wébérienne importée aux États-Unis par le sociologue Talcott Parsons). À leurs yeux, les partisans de Joseph McCarthy incarnaient par excellence les idées populistes, mais ils taxèrent aussi rétrospectivement le People's Party, un parti fondamentalement progressiste, qui était apparu à la fin du XIXe siècle, de populisme anti-moderne (je reviendrai sur ce point plus tard).

Toutefois, ces origines et les vestiges en partie inconscients d'une théorie libérale-élitaire sont loin de représenter le plus gros problème. Ces thèses en partie seulement sociologiques se révèlent surtout, en vérité, très souvent indéfendables dès qu'elles sont confrontées aux faits. Comme l'a souligné Karin Priester, l'une des chercheuses les plus reconnues en Allemagne pour ses travaux empiriques consacrés au populisme, les vrais déclassés et menacés de déclassement ne votent pas forcément pour des partis populistes[11]. Ces partis-là ont aussi pour électeurs des citoyens « arrivés », connaissant une certaine réussite sociale, et partisans d'un darwinisme social, des citoyens qui se laissent guider par des conceptions du type « J'y suis arrivé ; pourquoi pas les autres ? », ou « J'ai tout gagné à la sueur de mon front : pas question de partager quoi que ce soit avec des gens qui ne font pas partie du peuple ! ». Une affiche du Tea Party américain synthétise bien ces conceptions : « *Redistribute my work ethic !* » (« Redistribuez mon éthique du travail ! ») Autrement dit, avant de pouvoir se prélasser dans le hamac de l'État-providence, on est prié d'apporter sa contribution.

Une enquête menée tout récemment en Flandre conclut que les électeurs des partis populistes ne font pas ce choix-là en raison de leur situation économique individuelle (ni en raison du regard qu'ils portent sur leur situation personnelle dans son ensemble), mais en raison du jugement qu'ils portent sur la situation générale de leur pays[12]. Nul besoin d'être frappé à titre personnel de crises d'angoisse, ni d'aller particulièrement mal pour faire un tel choix politique : l'élément décisif, ici, est un jugement personnel consistant à penser que le pays entier « est sur la mauvaise pente ». Ce jugement d'ensemble n'a pas forcément à se nourrir de données fausses quant à la situation économique ou sociale ; il peut aussi (de façon plus ou moins évidente) être fondé : les élites mèneraient une politique inique, l'avenir des enfants serait bientôt gâché, les organisations internationales exerceraient une influence bien trop grande, etc. Ce sont avant tout des réflexions de ce type qui peuvent conduire à formuler l'exigence « Nous voulons que le pays nous revienne ! » (La rhétorique consistant à affirmer que le peuple a été « dépouillé » de ses prérogatives est aujourd'hui particulièrement en vogue chez des populistes comme Geert Wilders.)

Par ailleurs, il est frappant de constater que les électeurs des partis populistes manifestent souvent de l'hostilité à l'encontre des élites académiques établies, sans pour autant considérer qu'ils versent dans l'anti-intellectualisme ; ils croient plutôt que tout se laisse expliquer sans grande difficulté au moyen d'un solide bon sens. On procède soi-même à des recherches, on « fouille » sur Internet, on pénètre dans les coulisses des médias officiels. Souvent, une sorte d'« expérience-eurêka » leur permettra de réaliser que la vision du monde populiste est la seule correcte[13].

Certes, il est exact que de nombreux partis populistes attirent en Europe des citoyens ayant un niveau d'éducation plutôt bas, et que, dans un certain nombre de pays, une majorité d'ouvriers votent pour des populistes. Quant à l'existence d'un « gender gap », souvent ignorée, elle est aussi chose avérée en Europe : au contraire de l'Amérique latine où ne se constatent pas, en la matière, de grandes différences entre les sexes, ce sont en Europe avant tout les hommes qui votent pour des populistes[14]. Mais il existe aussi des cas démontrant le contraire — et surtout, il est impossible de déduire de ces données des éclairages précis susceptibles de nous aider à mieux comprendre le phénomène étudié, des aperçus qui nous permettraient d'affirmer quels politiciens et quels partis sont populistes et lesquels ne le sont pas.

Un problème théorique évident vient enfin se surajouter à cette opacité empirique. Il est en effet problématique de vouloir lier un positionnement politique idéologique — idéologique dans l'acception la plus large, c'est-à-dire neutre du terme — tel que le positionnement populiste aux seuls traits caractéristiques des électeurs concernés. Autant, dans ces conditions, répondre à la question « Qu'est-ce que la social-démocratie ? » en affirmant qu'il s'agit là d'un courant politique auquel adhèrent surtout des travailleurs mécontents... Une telle approche est lourde de conséquences. Ce faisant, des diagnostics empiriques sont implicitement confondus avec toutes sortes de postulats normatifs destinés à justifier les motivations de l'électorat en question, et confondus aussi avec des suppositions psychologiques — que l'on pense seulement à la thèse selon laquelle les partisans des mouvements populistes présenteraient une « personnalité autoritaire », ou selon laquelle, et tant pis pour les généralités, les structures de la personnalité de ces fâcheux contemporains les prédisposeraient à déclencher des conflits et à se rebeller contre tout « establishment »[15].

Le langage politique, comme toujours, est important. Celui qui, par exemple, parle de « ressentiment » de façon plus ou moins inconsidérée pense poser un diagnostic sociopsychologique relativement objectif. Et pourtant, et pourtant... Il est difficile de ne pas déceler ici les traces d'un legs intellectuel remontant à Friedrich Nietzsche et à Max Weber, aux réflexions de cette époque portant sur le maître et le valet et sur l'attitude du guide. En effet, celui qui parle, au sujet de l'électorat des populistes, de « ressentiment » suggère qu'il s'agirait là d'individus faibles, n'optant que pour le seul mode réactif, au lieu de se comporter en citoyens conscients de leurs devoirs, décidés à se montrer actifs, constructifs. Et suggère donc que nous aurions là des gens qui, pour des raisons douteuses (et moralement inférieures), envieraient les forts et ceux qui réussissent, et auraient donc à se « venger » d'eux de façon quelque peu « imaginaire » (Nietzsche) afin de trouver une quelconque satisfaction[16]. Ou encore nous aurions affaire ici, comme l'analysa Max Scheler, à des hommes passifs-agressifs condamnés à être détruits un jour ou l'autre par leur haine même[17]. Si l'on partage une telle vision des choses, alors, bien sûr, que l'on raisonne ainsi. Mais si tel n'est pas le cas, il importe d'éviter la psychologisation à outrance, de montrer en la matière une certaine prudence ; en effet, psychologiser, c'est toujours faire ici de la psychologie morale.

UN MALENTENDU BIEN PARTICULIER : PAYSANS, « POPS », FASCISTES

Lorsque le mot « populisme » est prononcé, beaucoup, aujourd'hui, songent à la petite bourgeoisie, aux couches populaires, comme on les appelait autrefois en France, ou encore aux ouvriers déclassés (qui, lors de la campagne américaine de 2015 / 2016, ont été ouvertement rangés dans la catégorie « *trumpenproletariat* »). Pourtant, jusqu'aux années 1970, et même en partie jusqu'aux années 1980, on considérait généralement que le populisme avait partie liée avec la paysannerie, l'économie agricole. C'est que les premiers mouvements et partis qui se présentèrent à l'époque moderne comme « populistes » soit représentaient des intérêts agrariens, soit idéalisaient ceux qui travaillaient la terre. Les Narodniki russes des décennies 1860 et 1870 représentaient les intérêts des paysans ; le mot « *narodnichestvo* » (dont le terme « populisme » est la traduction française littérale), qui vint désigner leur idéologie, disparaît purement et simplement dans de nombreux travaux historiques et de sciences sociales au profit du vocable

« populisme ». Tous les intellectuels slavophiles qui soutenaient ce type de « populisme » aspiraient à un retour à la terre (leur slogan était « *khozhdeniye v narod* » : « aller au peuple ») ; ils prêchaient différentes formes d'organisation autonome élaborées par les paysans, affirmant que l'État russe devait suivre pour l'essentiel leur modèle. En Europe de l'Est, et particulièrement tout au long de la première moitié du XIXe siècle, il existait des partis et des mouvements qui se présentaient comme « populistes » et qui, face à la faible industrialisation de leurs pays et à ses conséquences, fondaient leurs espoirs sur une paysannerie politiquement éduquée, dont il était espéré qu'elle deviendrait un facteur de démocratisation et de libéralisation.

Il y eut également, aux États-Unis, le People's Party, déjà évoqué plus haut, qui avait été le résultat d'une alliance entre fermiers. Ses dirigeants représentaient les intérêts des fermiers face aux banques et aux puissants chemins de fer. Les paysans, qui partaient vers l'ouest dans l'espoir d'y mener une vie prospère, dépendaient tout particulièrement de ces deux pouvoirs-là : ils avaient besoin de crédits afin de construire leurs fermes, et de trains pour acheminer leurs produits vers l'est. Le People's Party fut fondé pour remplir deux objectifs : décrocher pour ses adhérents des crédits à taux réduits et obtenir pour eux une amélioration de l'infrastructure ferroviaire — ses dirigeants allant jusqu'à exiger l'étatisation des chemins de fer. Le capital financier et le grand capital — que les membres du People's Party appelaient souvent très simplement « les intérêts » — étaient clairement les ennemis des petits producteurs.

La rhétorique de ces « populistes » mettait fort classiquement en opposition le peuple et les élites. L'activiste Mary Elizabeth Lease, par exemple, ne s'embarrassait pas en la matière de précautions : « Les gens de Wall Street ont pris les terres. Nous n'avons plus affaire depuis longtemps à un gouvernement du peuple, à une politique qui serait faite par le peuple et pour le peuple, mais aux gens de Wall Street. Le grand peuple de ce pays est réduit en esclavage, et le monopole est son maître[18]. » On pestait contre « les ploutocrates, les aristocrates et tous les autres rats » ; de nombreux slogans des populistes de cette époque auraient aussi bien pu être inventés par les activistes actuels du mouvement Occupy Wall Street : « *Ninety and nine in hovels bare, the one in a palace with riches rare* » (« 99 % dans de sordides taudis, 1 % dans des palaces aux exquises richesses »)[19].

Les populistes américains de la fin du XIXe siècle et des débuts du XXe furent de surcroît les premiers à s'appeler eux-mêmes « populistes ». À l'origine, il n'existait pas de substantif dérivé d'un adjectif pour désigner les membres et dirigeants du People's Party ; les mots « *pops* », « *populites* » et « *populists* » étaient tous connotés péjorativement[20]. Mais, comme cela est si fréquent dans l'histoire des idées politiques (comme, par exemple, avec le terme « néo-conservateur » aux États-Unis), une étiquette aux connotations tout d'abord péjoratives en vint à revêtir une signification plutôt positive du fait même de ceux à qui elle était accolée : cette étiquette négative finit même par se confondre avec l'objectif visé par ces mouvances.

Aux États-Unis, peu de choses ont changé de ce point de vue, tout particulièrement à gauche. Les « populistes » considèrent qu'ils luttent pour défendre les intérêts de « Main Street », les intérêts des petits, contre un ennemi qu'ils appellent « Wall Street » et perçoivent comme un adversaire surpuissant. Pour de nombreux Américains, « populiste » est synonyme de « progressiste », voire de gauche radicale. Bill de Blasio, le maire de la ville de New York, la sénatrice Elizabeth Warren et son collègue Bernie Sanders (qui affirme représenter un socialisme démocratique) passent pour être des « populistes » ; et maints commentateurs ont même pensé pouvoir déceler chez Hillary Clinton un « changement de cap populiste » lorsque l'ancienne secrétaire d'État aux Affaires étrangères s'est démenée pour plus d'égalité des chances.

De ce fait, le malentendu (transatlantique) est total[21]. En Europe, le populisme est d'ordinaire considéré comme régressif, alors qu'aux États-Unis — nous venons de le voir — il est plutôt synonyme de progrès. En Europe, le populisme est principalement situé à droite et est bien souvent synonyme d'exclusion, alors qu'aux États-Unis il est plutôt situé à gauche et associé à un projet d'inclusion de tous ceux que marginalise le capitalisme financier (en Amérique latine, le concept de populisme revêt souvent la signification qui est la sienne aux États-Unis). Est-il alors possible de résoudre ces contradictions ? Non, tant que l'on erre dans l'impasse sémantique et que l'on prend pour argent comptant la manière qu'ont les acteurs politiques de se présenter eux-mêmes. Ces hommes de gauche qui, aujourd'hui, aux États-Unis, se présentent comme des « populistes » sont tout simplement, lorsqu'ils sont envisagés au moyen d'une grille de lecture européenne, des sociaux-démocrates (ou peut-être même des démocrates-chrétiens de gauche lorsque leurs discours laissent transparaître une forte influence de la religion). Les *populists* des débuts étaient au fond un mouvement émancipatoire égalitaire qui défendait avant tout les intérêts des fermiers. Certes, il est exact que la critique de Wall Street tout au long de l'« Âge du Toc » [the « *Gilded Age* » (Mark Twain)] — cette période de grande prospérité de l'économie américaine correspondant au dernier quart du XIXe siècle, qui bénéficia surtout aux grands financiers et qui conduisit à de spectaculaires écarts de revenus — s'avéra de temps à autre pour partie antisémite. Il est en outre exact que des *populists* comme Thomas E. Watson eurent vite fait de se transformer en racistes haineux[22]. Mais, à l'origine, le People's Party était une formation partisane pluraliste qui représentait des intérêts très divers, qui d'ailleurs n'établissait aucun distinguo entre les revendications des Blancs et celles des Noirs et intervenait aussi en faveur des droits des femmes (et tout particulièrement en faveur du droit de vote des femmes). Ce mouvement mit également un point d'honneur à protéger le vote à bulletin secret *(secret ballot)*, à imposer l'élection directe des sénateurs ainsi qu'une limitation du mandat du président, et poussa notamment à l'instauration d'une administration moderne — des revendications politiques qui, d'une manière ou d'une autre, devaient tôt ou tard être effectivement mises en œuvre. Le grand historien américain C. Vann Woodward a non sans raison fait remarquer que le « New Deal » de Franklin D. Roosevelt pouvait aussi être envisagé comme une forme de « néo-populisme »[23].

L'idée que le People's Party était un foyer de racisme, et même de fascisme, ce funeste portrait-là fut rétrospectivement forgé dans les années 1950 par les théoriciens libéraux de la modernisation : des chercheurs comme l'historien Richard Hofstadter, les sociologues Edward Shils, Daniel Bell et Seymour Martin Lipset envisageaient les *populists* comme des précurseurs du maccarthysme et de la très raciste John Birch Society[24]. Victor C. Ferkiss constatait de son côté que l'idéologie du fascisme américain était un prolongement logique des convictions des populistes[25]. Dans le langage politique courant des États-Unis, de telles idées ne purent jamais s'imposer — dans les sciences sociales, par contre, elles furent d'autant plus couronnées de succès, et cela, de surcroît, à l'échelle globale.

Qui veut élaborer un concept de populisme exigeant ne peut avancer à tâtons et tomber dans les traquenards sémantiques, et ne peut non plus accepter le postulat selon lequel le concept lui-même devrait nécessairement, pour être valide, recouvrir l'ensemble des acteurs politiques se désignant comme populistes. Si on accepte un tel postulat, alors autant attendre d'une idée du socialisme qu'elle englobe aussi l'image que se font d'eux-mêmes les nationaux-socialistes…

Le populisme a une histoire. Mais on ne peut le réduire à une catégorie bien précise de partisans — qu'ils soient paysans ou petits entrepreneurs ; et on ne peut pas plus le ranger aux côtés de certains autres « ismes », comme Karin Priester a tenté de le faire, en le présentant comme une variante d'une idéologie libérale-conservatrice et anti-étatique[26]. Le populisme peut endosser des contenus tout à fait différents, et c'est une erreur que de le concevoir, que de concevoir son concept comme une « décalcomanie » (Dubiel) d'un épisode sociohistorique ou politico-historique. Mais cela ne signifie pas pour autant qu'il s'accommode de tout. La partie suivante va nous permettre d'expliquer pourquoi.

LE POPULISME COMME REVENDICATION POLITICO-MORALE D'UN MONOPOLE DE LA REPRÉSENTATION, OU « NOUS SOMMES LES CENT POUR CENT »

Maintenant, qu'est-ce exactement que le populisme ? Et où se situe la ligne de démarcation séparant le populisme d'autres phénomènes politiques ? Le populisme n'est en rien affaire de couches (ou classes) sociales clairement identifiables ; il n'est en rien affaire de « feeling » ; et la question de savoir si une personnalité politique ou une formation politique est populiste ne peut se voir apporter une réponse à travers une estimation de la qualité de l'offre proposée par cette personnalité ou par cette formation en termes de politique publique. Le populisme, telle est bien ma thèse, est une conception de la politique tout à fait précise : les populistes considèrent que des élites immorales, corrompues et parasitaires viennent constamment s'opposer à un peuple envisagé comme homogène et moralement pur — ces élites n'ayant rien en commun, dans cette vision, avec ce peuple[27]. Parfois, les noms mêmes des formations partisanes témoignent déjà de cette mise en équivalence du « peuple ordinaire » et du « seul véritable peuple » : les dirigeants du parti finlandais Perussuo-malaiset (littéralement « Les Finlandais ordinaires ») attachaient une extrême importance à ce que le nom de leur formation soit traduit à l'étranger comme ils le souhaitaient ; ils tenaient en effet à ce que l'on parle de « Finlandais de souche » ou de « vrais Finlandais » ; les choses ont changé entre-temps : ils s'appellent et sont appelés désormais « Les Finlandais ».

Dans l'imaginaire des populistes de droite, les élites s'allient de surcroît, fort malheureusement, à des classes parasitaires qui ne sauraient pas plus être considérées comme faisant partie du peuple véritable[28]. Un exemple d'une telle vision des choses peut aujourd'hui être observé en Europe de l'Est, où les Roms seraient, dit-on, soutenus en premier lieu par les élites post-communistes et pro-européennes : pour ne prendre qu'un exemple, le Jobbik, un parti hongrois d'extrême droite, met en parallèle « criminalité politicienne » et « criminalité gitane ». Dans cette logique, non-nationaux et post-nationaux conspirent contre la vraie nation[29]. De la même façon, aux États-Unis, beaucoup considèrent que les élites de gauche de la côte Est et de la côte Ouest seraient constamment intervenues en faveur du Mouvement des droits civiques, en faveur des Noirs, une alliance qui, à leurs yeux, aurait trouvé son incarnation paradigmatique en la personne de Barack Obama, diplômé de Harvard. Sans doute est-ce la raison pour laquelle lesdits « *birthers* », bruyamment relayés par Donald Trump, prétendent depuis des années qu'Obama aurait usurpé sa charge de président faute d'être né, disent-ils, sur le sol américain. Obama, selon eux, ne ferait donc nullement partie du peuple, et pas uniquement du point de vue symbolique : il n'en ferait littéralement pas partie (Obama a fini par mettre un terme au « débat » en rendant public son extrait d'acte de naissance, dont l'authenticité fut bien sûr tout de suite mise en doute par les « *birthers* » ; plus tard, Trump accusa encore Ted Cruz, l'un de ses concurrents dans la course à l'investiture républicaine pour les présidentielles, né au Canada, de ne pas être un « *natural born citizen*[30] »).

La critique des élites est un critère nécessaire mais en rien suffisant lorsqu'il s'agit de décider si l'on a affaire ou non à une rhétorique populiste (tant que les populistes sont dans l'opposition). En effet, doit encore s'ajouter à cette critique des élites la très ferme revendication morale d'un monopole de la représentation populaire : l'idée bruyamment assénée que les populistes seuls représentent le peuple véritable, tous les autres soi-disant représentants des citoyens étant, d'une manière ou d'une autre, illégitimes. L'énoncé « Nous sommes le peuple », les populistes ne le revendiquent pas tellement en tant que tel ; leur message consiste plutôt à affirmer : « *Nous seuls* représentons le peuple[31]. » Le populisme n'est donc pas seulement anti-élitaire, il est aussi anti-pluraliste[32]. Et c'est avant tout leur revendication morale d'un monopole de la représentation qui fait réellement des populistes ce qu'ils sont, et qui fait d'eux et de leur rapport à la démocratie un problème préoccupant. C'est que les populistes ne disent pas : « Nous sommes les 99 %. » Ils n'affirment rien de moins que représenter les 100 %.

Les populistes ne sont donc en rien, comme on le dit souvent, un « correctif » utile pour une démocratie qui se tiendrait à bonne distance du vilain peuple. Des théoriciens de gauche, tout particulièrement, pensent que l'équilibre entre la démocratie et le libéralisme ou l'État de droit a été rompu et que les populistes pourraient contribuer à le rétablir en rajoutant du poids côté démocratie. Ce vœu pieux repose pourtant sur un malentendu fondamental : c'est que les populistes ne s'intéressent absolument pas à la question de la participation des citoyens en elle-même ; leur critique n'est pas dirigée contre le principe de représentation politique en tant que tel (qui, dans les faits, entretient avec la démocratie un rapport fait de tensions), mais contre les représentants en fonction qui, affirment-ils, ne représenteraient en rien les intérêts du peuple. Christoph Blocher, le populiste suisse à l'exceptionnel succès, a en effet établi, de façon tout à fait explicite, une distinction entre les « fausses » élites et les élites « authentiques » : « Dans l'État démocratique et dans la libre économie de marché, seule l'élite qui accomplit sa mission avec l'ardeur, la compétence et l'aptitude requises peut être reconnue », les élites ne satisfaisant pas à cette exigence devant être « immédiatement écartées et remplacées[33] ». Les manifestations du mouvement Pegida sont l'occasion d'entendre de temps à autre une variante plus radicale de cette vision des choses : les politiciens actuels, comme l'assène l'un de ses slogans, ne seraient en rien des représentants du peuple, mais bien des « traîtres au peuple ».

À ce stade, il serait possible d'avancer, en guise d'objection à mes arguments, que ce sont précisément les populistes qui en appellent toujours au scrutin populaire. Pourtant, lorsque les populistes exigent un référendum, ce n'est pas dans le but de déclencher un processus de discussion ouvert entre électeurs, mais parce que les citoyens devraient à leurs yeux promptement entériner ce qu'eux, populistes, ont toujours reconnu comme étant l'authentique volonté populaire (laquelle, très perfidement, ne serait pas mise en œuvre par la faute d'élites illégitimes guidées par leurs seuls intérêts). Cette idée d'un mandat impératif explique aussi pourquoi les populistes concluent si volontiers des « contrats » avec le peuple — comme, notamment, le parti suisse Union démocratique du centre, ou Jörg Haider, qui affirma en son temps signer un contrat avec l'Autriche, ou encore Silvio Berlusconi, qui avait proposé de signer un « contrat avec les Italiens ». La politique se réduit alors à l'exécution d'un contrat (et l'on perd de vue que l'offre contractuelle n'est absolument pas venue du peuple, mais d'un parti bien particulier). Pour citer de nouveau le populiste suisse Christoph Blocher : « Seule l'exécution du contrat, le fait que le succès soit au rendez-vous, est l'élément décisif dans la conduite des affaires. Seule compte la mission définie par le contrat — et je pense ici à celle que je me suis fixée. En conséquence, c'est le contrat qui guide toujours une conduite des affaires rencontrant le succès[34]. »

Cette logique fondée sur l'idée d'une « mission » contractuellement établie (les citoyens étant soi-disant ici les mandants, des mandants communiquant des instructions dépourvues de toute ambiguïté) explique le rôle en définitive ambivalent que doit jouer le peuple aux yeux des populistes : à première vue extrêmement actif, ce rôle s'avère pourtant, en fin de compte, d'une parfaite passivité. Il s'agirait en effet ici de mettre en œuvre, point par point, la volonté du peuple envisagée comme un mandat impératif ; mais dans la mesure où le peuple ne saurait s'exprimer d'une seule voix, de façon réellement cohérente, le besoin s'impose d'un acteur qui souffle au peuple ce que celui-ci entendrait dire. En effet, le politicien populiste se présente habituellement aussi comme un simple « porte-voix » (masquant ainsi son rôle de très douteux interprète des idées et intérêts des citoyens). « Il pense ce que Vienne pense », pouvait-on lire sur une affiche du Parti de la liberté d'Autriche, le FPÖ, mettant en avant sa tête de liste, Heinz-Christian Strache. Pour le dire autrement : dans la vision des choses populiste, le représentant se contente de représenter — très loin de la conception de la représentation entretenue par les gens de gauche, par les libéraux ou encore par les conservateurs (que l'on pense à Edmund Burke), qui attendent des représentants qu'ils fassent usage de leur propre faculté de jugement. C'est que la démocratie moderne ne connaît que le mandat libre, et non le mandat impératif[35].

La conception prémoderne de l'idée de représentation qui avait cours dans les sociétés d'ordres *[Ständegesellschaften]* entre au moins à cet égard en résonance avec celle des populistes : les représentants des différents corps, de la noblesse, du clergé, ou encore du « petit peuple », articulaient plus ou moins des intérêts bien déterminés ; un processus politique dynamique, et pour cette raison même toujours imprévisible, n'était pas ici nécessaire[36]. C'est qu'il suffit, dans une telle logique, de (prétendre) savoir : « IL veut ce que NOUS voulons », pour citer un autre slogan en faveur de Heinz-Christian Strache[37]. Si ce n'est qu'il n'est absolument pas ici question d'intérêts — au pluriel, et légitimement au pluriel —, mais d'un intérêt singulier, prétendument objectif : celui d'un peuple envisagé comme une entité homogène. Ou peut-être ne s'agit-il pas même d'un intérêt, mais d'une identité se combinant à un intérêt bien déterminé, de façon apparemment nécessaire. En effet, il n'est même pas indispensable, dans cette logique, d'interroger au préalable le vrai peuple pour savoir ce qu'il veut réellement. En ce sens, la référence fréquente à Jean-Jacques Rousseau et à son idée de *volonté générale* n'est pas véritablement convaincante. Aux yeux de Rousseau, les citoyens seuls devaient décider réellement eux-mêmes ce qu'ils considéraient être la volonté générale (et donc l'intérêt général). Cette vision des choses était hautement morale : celui qui, au lieu de réfléchir avec sérieux à l'intérêt général, se laissait guider par ses intérêts égoïstes — et qui, de facto, se laissait esclavagiser par eux, du point de vue de Rousseau — devait pouvoir être contraint à sa liberté. Mais il s'agissait là, tout de même, de processus politiques encadrés par des règles appelant les citoyens à agir par eux-mêmes, à titre individuel. Le populiste, lui, ne reconnaît que l'intérêt général de la nation authentique. Il n'attache aucune espèce d'importance à l'idée d'une représentation d'une volonté générale guidée par un certain nombre d'intérêts, lui préférant l'idée d'une représentation symbolique du « vrai peuple » (qui ne saurait, dès lors, être mise directement en question[38]). Bref, il privilégie *l'esprit du peuple* et non la *volonté générale*.

Cela explique aussi pourquoi les populistes émettent toujours des réserves à l'endroit des Parlements, ces institutions inévitablement pluralistes. De quoi faudrait-il en effet parler ou encore débattre ? La volonté du peuple authentique se révèle dans toute son évidence, disent-ils. Cela explique également leurs réserves à l'endroit des duels télévisés entre candidats : en Hongrie, Viktor Orbán refusa de participer à un quelconque débat télévisé, que ce soit avant les élections de 2010 ou avant celles de 2014, donnant à ses refus l'explication suivante :

> « Nous n'avons pas besoin aujourd'hui de débats consacrés à des mesures politiques spécifiques, les solutions sont évidentes, nous les avons sous les yeux [...]. Je suis certain qu'il vous est déjà arrivé de voir ce qui se passe lorsqu'un arbre tombe dans une rue et que de nombreuses personnes se trouvent présentes sur les lieux. Dans ce genre de situations, on trouve toujours deux catégories de personnes : il y a celles qui ont leur grande théorie, et qui commencent à débattre des moyens d'évacuer l'arbre, faisant part aux autres de leurs merveilleuses théories, et prodiguant des conseils à tout-va. Et il y a les autres, qui considèrent que le mieux est, à la condition de s'y mettre, de retirer l'arbre de la rue. Mes chères dames, et chers messieurs, nous devons comprendre qu'aucune théorie n'est nécessaire à la reconstruction de notre économie : il suffit, et il est temps, de nous retrousser tous les manches[39]. »

C'est par ailleurs une erreur que d'établir un lien systématique entre le populisme et une manière de diriger charismatique, comme nous le confirme l'histoire de l'Amérique latine au XXe siècle. Nous avons tous à l'esprit telle ou telle scène nous montrant un homme (ou, dans le cas d'Evita, une femme) se ralliant les masses (les *descamisados*, par exemple, comme étaient appelés les partisans « sans chemises » de Perón) en s'adressant à elles d'un balcon. Mais le fait d'être acclamé par le peuple massé sous un balcon ne saurait être confondu avec le charisme ; et pas plus une conception plébiscitaire de l'acte de gouverner. Incontestablement, les partis populistes ont tout à gagner à être dirigés par des personnalités faisant forte impression, suscitant l'enthousiasme, et faisant oublier un temps les difficultés du quotidien — mais cela vaut aussi pour les autres collectifs politiques. L'imaginaire populiste attache une importance décisive à la capacité du dirigeant à reconnaître et mettre en œuvre la volonté du peuple au singulier. Dans cette conception des choses, le dirigeant (ou la dirigeante) ne gouverne pas sur le mode de l'absoluité : il (ou elle) se conforme plutôt à une sorte de morale de la fidèle exécution du contrat passé avec le peuple, telle qu'a pu la formuler Blocher. C'est ici qu'entre sans doute en jeu un talent bien particulier, la capacité du dirigeant à reconnaître et à mettre en œuvre la volonté populaire. L'idée que le populiste se fait de sa mission se rapproche ici des conceptions épistémiques de la démocratie[40], sans être pour autant identique à elles, dans la mesure où l'idée qu'il se fait de sa mission est en fin de compte liée à l'idée d'une représentation symbolique correcte[41].

Cette figure de pensée est une variante intéressante de la conception de la représentation que défend le politiste français Bernard Manin, une conception largement débattue parmi les théoriciens de la démocratie[42]. Manin soutient que la représentation n'est absolument pas un principe démocratique : à ses yeux, celui qui croit véritablement à l'égalité démocratique devrait privilégier, pour ce qui est de l'attribution des charges publiques, une procédure de tirage au sort, telle qu'elle était la plupart du temps pratiquée dans l'Athènes démocratique (sauf pour certaines charges imposant une expérience et une compétence particulières, par exemple celle de général ou *strategos*, qui supposaient une procédure électorale)[43]. L'institution d'une élection des représentants, poursuit Manin, repose en revanche sur des conceptions qui sont en définitive aristocratiques. En effet, des élections supposent précisément de choisir le « meilleur » ou la « meilleure » pour occuper la charge en question. Élire des représentants, c'est partir du principe — pour autant que « nous », présumés bons citoyens démocratiques, soyons sincères — que les capacités politiques sont en définitive inégalement réparties. Certes, et bien évidemment, c'est aux électeurs qu'il incombe de décider quelles compétences sont à leurs yeux particulièrement importantes. Mais, comme l'affirme Manin, même ces citoyens qui se déclarent démocrates ne prennent pas réellement au sérieux l'idée d'égalité politique ; et nous avons là, pour autant que l'on suive la démonstration de Manin, le fait décisif.

L'un des aspects importants de la théorie de Manin consiste à montrer que la tentative d'élire la personne la plus « normale » possible (ce profil qui, aux États-Unis par exemple, est baptisé « Joe the Plumber » [« Joe le plombier »]) ne modifie absolument en rien la nature aristocratique de l'affaire. En effet, celui qui correspond au profil le plus ordinaire se révèle précisément être, de ce fait même, très particulier. Carl Schmitt avait avancé dans sa *Théorie de la Constitution* que « [c]

eux qui gouvernent sont distingués *par* le peuple et non *du* peuple[44] ». Mais, si l'on suit la démonstration de Manin, ils le sont bien, particuliers, et peu importe ici qu'ils fassent mine d'être communs ou peut-être ordinaires, ou même qu'ils souhaitent sincèrement l'être (enfin, chose non moins importante, les représentants sont également distingués du fait même qu'ils ont plus de pouvoir).

Dans cette mesure, le dirigeant populiste est en fin de compte lui aussi très particulier, mais cette spécificité n'a rien avoir avec le charisme personnel, comme on le prétend si fréquemment ; il ou elle ne doit pas nécessairement être un *outsider* ou un non-politicien faisant preuve d'inexpérience politique tout en faisant de ce manque d'expérience un argument politique. Bien sûr, la critique des élites politiques ne s'avère convaincante qu'à la condition de démontrer que l'on n'en a jamais fait partie. Mais cette posture de marginal, souvent très consciemment mise en scène, n'est pas ce qui importe le plus ; quant à l'idée qu'il suffirait, pour discréditer les populistes, d'attirer l'attention sur le fait que nombre d'entre eux sont des politiciens professionnels[45], elle est plutôt naïve. Et il est d'ailleurs tout aussi naïf de croire que tous les partis populistes finiront bien par disparaître un jour au motif que même leur dirigeant fondateur charismatique est en définitive mortel[46].

La spécificité d'un leader populiste n'est pas liée à la question du charisme personnel ni à un quelconque statut d'*outsider*, mais a tout à voir avec la logique interne propre au populisme. Comme cela a été montré plus haut, il est décisif, du point de vue des populistes, que le dirigeant (ou la dirigeante) puisse reconnaître tout(e) seul(e), de lui-même, et avec justesse, l'authentique volonté du peuple, et qu'il ou elle puisse la représenter de façon cohérente. Quant à la volonté du peuple, elle est par définition, aux yeux des populistes, moralement pure : il ne peut tout simplement pas exister de peuple corrompu dans l'imaginaire populiste (alors que, par exemple, les marxistes, les léninistes ou encore les libéraux peuvent le concevoir). De cette combinaison résulte une revendication populiste bien précise : celle d'un monopole de la représentation, dont nous avons vu qu'elle revêt un caractère moral. Pareille revendication s'exprime dans des slogans du type « India is Indira » (Gandhi) ou « Le Pasok aux affaires — le peuple au pouvoir » (Andreas Papandreou), ou encore dans des communiqués comme ceux que Chávez pouvait faire à intervalles très réguliers lorsqu'il s'adressait à « son peuple », prétendant être « une part [d'eux] tous[47] ».

Ce serait une erreur que d'inférer de cette apparente « identité » avec le peuple l'idée d'un fondement nationaliste ou raciste du populisme, comme le fit Carl Schmitt aux débuts du national-socialisme avec son concept d'« identité d'espèce ou de race » *[Artgleichheit]*[48]. Le national-socialisme était une forme de populisme, mais tout populisme n'aboutit pas au national-socialisme ou à une autre forme de totalitarisme. Dans les années 1920 et 1930, il fallut que le racisme et l'exaltation de la violence se surajoutent à la revendication d'un monopole de la représentation pour qu'une logique populiste devienne spécifiquement nationale-socialiste[49].

Pour être populiste, il n'est donc en rien nécessaire d'être nationaliste, raciste ou partisan d'un quelconque chauvinisme ethnique. Mais les populistes ont besoin d'une sorte de critère moral préexistant à toute décision et séparant le bon peuple des mauvaises élites, d'un critère moral expliquant aussi qui fait véritablement partie du peuple authentique et qui n'en fait pas partie[50]. L'histoire nous montre que les idées morales de vertu et de dur labeur ont souvent joué ce rôle-là ; l'abbé Sieyès, déjà, à la veille de la Révolution française, justifiait l'idée que le tiers état était l'authentique peuple français au motif qu'il *travaillait* contre l'aristocratie et le clergé. Aux États-Unis, le populisme s'accompagnait souvent d'une idéologie productiviste (le « *producerism* »), et donc de l'idée voulant que le peuple vertueux était un peuple de producteurs (et avant tout de petits producteurs, dont il était possible de se représenter concrètement à la fois le travail et les produits). La Ligue du Nord italienne présente des traits similaires, comme en témoigne son slogan « *Roma ladrona* » (« Rome est une voleuse ») : au Nord, on travaille dur ; au Sud, il n'y a que des chapardeurs.

De tels critères moraux de mérite et de vertu sont seuls à même de permettre le passage d'une représentation empirique de la volonté à une représentation symbolique de cette volonté ; toutefois, un autre trait caractéristique distinctif vient toujours, automatiquement, se surajouter à de tels critères : l'idée selon laquelle ceux qui ne soutiennent pas les populistes ne peuvent en aucun cas faire partie du vrai peuple. Recep Tayyip Erdoğan est allé droit à l'essentiel au mois de juillet 2014 en s'adressant de la manière suivante à ses adversaires : « Nous sommes le peuple. Qui êtes-vous ? » Un tel motif se trouvait déjà dans la rhétorique des révolutionnaires français, qui considéraient que le vrai peuple devait être pour ainsi dire extrait de la masse empirique de tous les Français (pour reprendre une formule très pertinente de Claude Lefort). Autrement dit, qui ne se rallie pas aux populistes s'exclut de lui-même du peuple. Et cette autodisqualification ne saurait être aux yeux des populistes qu'une autodisqualification morale dont les conséquences politiques ne peuvent être que graves.

DES PARTIS QUI NE SONT PAS DES PARTIS COMME LES AUTRES

Dans la vision populiste, la participation du peuple n'est en rien souhaitable. La seule chose qui importe, c'est que le politicien populiste identifie correctement l'unique et authentique volonté morale du peuple et la mette en application selon la logique d'un mandat impératif. Que l'on pense seulement à Silvio Berlusconi : le fait que des masses vêtues de bleu scandaient les slogans de Forza Italia à l'occasion de ses meetings était sans aucun doute une bonne chose pour le « Cavaliere », un plaisant décorum. Mais Berlusconi ne voulait assurément pas que ses partisans contribuent de façon continue au processus de formation de la volonté politique (dès le premier congrès de Forza Italia, il fut déclaré leader de cette formation par acclamation générale)[51]. Berlusconi exerçait un contrôle total sur le parti, le terme même de parti étant d'ailleurs ici contestable tant il s'agissait plutôt d'une simple « association de partisans »[52]. L'« esthétique » propre au club de supporters de football (le slogan « *Forza Italia* », qui peut être traduit par « Debout, l'Italie » ou « L'Italie en force », vient de l'univers du sport) devait aider à démarquer cette formation des « vieux partis » et de leur *partitocrazia* corrompue. Et les citoyens ? Au lieu de manifester sur la Piazza, l'Italien idéal — exclusivement représenté par Berlusconi — devait rester chez lui devant la télévision (et regarder de préférence, bien sûr, l'une des chaînes appartenant à Berlusconi) ; la démocratie devait devenir *videocrazia*. Qui refusait de se soumettre à cette image idéale était à l'évidence communiste ou immigré clandestin, c'est-à-dire quelqu'un qui ne faisait absolument pas partie du *popolo* italien, du peuple italien. Du reste, les politiciens de la Ligue du Nord raisonnent de façon tout à fait similaire : Flavio Tosi, le maire de Vérone, fit retirer de son bureau, deux jours à peine après son entrée en fonction, le portrait qui y était accroché de l'actuel président italien Giorgio Napolitano, au motif qu'il ne se sentait pas représenté par ce communiste ; en lieu et place, il y fit installer une photographie de l'ancien président Sandro Pertini qui, à ses yeux, avait, lui, réellement incarné l'unité de la nation[53].

Il est aisé de trouver d'autres exemples témoignant des spécificités des formations populistes : le Partij voor de Vrijheid (le Parti pour la Liberté) de Geert Wilders n'est pas seulement un parti créé de facto au service exclusif d'un seul homme. En effet, Wilders, comme chacun sait, contrôle entièrement cette formation. À dire vrai, Wilders et Martin Bosma, son maître à penser, ne souhaitaient pas au départ, et de façon tout à fait officielle, créer un parti : ils voulaient créer une fondation, mais la législation des Pays-Bas interdisait un tel projet. Le Parti pour la Liberté fut en conséquence fondé avec très exactement deux membres, une personne morale et une personne physique : une fondation, la Stichting Groep Wilders, ayant comme *seul et unique* membre Wilders lui-même, ainsi que Wilders en tant que personne physique. Cette formation ne pouvait donc bénéficier des dispositions relatives au financement étatique des partis politiques, et Wilders s'en accommoda[54]. Les députés aux couleurs de cette formation n'en sont que des délégués, leur mission étant très étroitement supervisée par Wilders, qui leur dispense chaque samedi une séance de coaching[55].

Ce rejet total de ce que l'on appelle — peut-être un peu naïvement — la « démocratie intra-partisane » a aussi, à coup sûr, des raisons pratiques : c'est que Wilders garde à l'esprit l'exemple de la « liste Pim Fortuyn » qui, à la suite de la mort de son fondateur, sombra dans les querelles internes et finit par totalement disparaître[56]. Mais l'anti-pluralisme de principe convient aussi à merveille à la vision du monde populiste : pourquoi faudrait-il des débats internes au parti alors que la volonté du peuple est une et clairement reconnaissable, et que le dirigeant du parti, ou son équipe dirigeante, est parfaitement à même de l'identifier ? Et au nom de quoi les institutions intermédiaires, et donc lesdits *corps intermédiaires*, dont Montesquieu et Tocqueville vantaient les mérites, louant leur capacité de contre-pouvoir, devraient-elles faire obstacle à la communication directe entre le peuple et le dirigeant populiste ? Les populistes veulent ce que Nadia Urbinati a appelé la « représentation directe », un concept paradoxal, mais pas forcément inquiétant. Cette revendication ne vaut pas seulement à leurs yeux pour les partis mais, dans l'idéal, pour le système politique dans son ensemble, le plus grand nombre possible de questions devant, selon eux, être décidées directement par le peuple[57]. Dans cette mesure, il existe effectivement un rapport entre l'idée de régime plébiscitaire — synonyme, en effet, de « représentation directe » — et le populisme. Mais souvenons-nous qu'il n'est toujours question ici que de *représentation*, la participation étant de facto cantonnée à l'acclamation.

Les populistes se méfient d'une démocratie intra-partisane compliquée et envisagent avec autant de suspicion les journalistes. Avec la démocratie intra-partisane comme avec les journalistes, la volonté du peuple, authentique et *une*, est en effet l'objet d'une opération de médiation, elle est « médiatisée », et donc, à leurs yeux, dans leur logique, déformée. Il serait selon eux bien préférable que personne ne vienne s'interposer entre le dirigeant et ses partisans, mettons entre Beppe Grillo et ses *grillini*. Aller sur le blog de Grillo, c'est apprendre ce qui se passe en vérité, c'est communiquer de façon apparemment directe avec l'unique représentant des Italiens vraiment incorruptible. Lorsque les *grillini* entrèrent au Parlement italien, Gianroberto Casaleggio, un camarade de combat de Grillo et figure du Web, annonça bruyamment que, désormais, l'opinion publique était enfin représentée sur les bancs du Parlement italien[58]... Dans cette mesure, les microsphères publiques segmentées d'Internet, au sein desquelles les membres de « petits peuples » politiques se confirment les uns les autres dans leur supériorité morale, favorisent la logique du populisme. Qui ne voit ou n'entend toujours qu'une partie de la population, ou qui ne reçoit de tweets que de ceux dont il partage la vision du monde, aura plutôt tendance à accorder du crédit à la revendication populiste d'un monopole de la représentation. En ce sens, le « Online-Town-Hall », prétendument démocratique, est une véritable chambre d'écho populiste.

Si les partis populistes ne sont donc en rien des partis comme les autres, c'est en raison de leur revendication morale d'un monopole de la représentation[59]. Ce que la politiste américaine Nancy Rosenblum a appelé le « holisme », cette idée selon laquelle il serait possible de représenter la totalité (et qui entre en opposition avec la fragmentation politique d'une société) entre aussi en contradiction avec la définition même de ce qu'est un parti, qui est toujours particulier, partiel et partial — comme nous le dit déjà le nom même de parti : un parti n'est qu'une « partie » et ne représente pas le tout[60]. Il importe toutefois de ne pas souligner ce point outre mesure : dans la pratique, les partis populistes se comportent assez souvent comme des partis « tout à fait normaux », raison pour laquelle certains intègrent même, comme nous le savons, des coalitions. Mais il est significatif que nombre d'entre eux préfèrent se baptiser, par exemple, « front » (national), « mouvement », ou prennent encore la forme d'une fondation. Toutes les autres formations ne sont ainsi « que » des partis et, qui plus est, des concurrents illégitimes à l'aune de la revendication morale des populistes d'un monopole de la représentation de la volonté populaire. Dans le même temps, les populistes ne considèrent les autres partis que comme des organisations appartenant aux vieilles élites corrompues, raison pour laquelle ils regroupent si fréquemment les noms des autres partis dans la catégorie de l'« establishment », comme s'il s'agissait là d'un cartel dédié à la préservation de privilèges illégitimes : on parlera ainsi en France de l' « UMPS » et, en Espagne, du « PPSOE[61] ».

COMMENT EXPLIQUER L'INEXPLICABLE ?

D'une manière ou d'une autre, un populiste, tant qu'il est dans l'opposition, doit expliquer pourquoi la réalité politique semble contredire sa revendication morale d'un monopole de la représentation, dans la mesure où sa formation politique ne peut rallier une majorité écrasante de citoyens. Il dispose pour cela de deux stratégies : en en appelant au peuple, il en appelle, dit-il, à une entité qui ne saurait s'articuler au moyen d'élections ou d'autres procédures démocratiques conventionnelles. Presque tous les populistes ont invoqué la « majorité silencieuse » — pour citer cette expression, tristement célèbre, de Richard Nixon (en effet, si la majorité ne gardait pas le silence, le populiste serait déjà au pouvoir)[62]. Le théoricien du droit Hans Kelsen a parlé à ce sujet d'une « illusion métapolitique », d'une fiction de « peuple », que les ennemis de la démocratie peuvent toujours faire jouer contre les Parlements et les autres institutions sans paraître pour autant anti-démocratiques[63]. Pourtant, il est absolument impossible d'attester, de façon empiriquement vérifiable, de l'existence d'un peuple *prépolitique*, d'un peuple existentiel dans l'acception schmittienne du terme, c'est-à-dire d'un peuple existant à l'écart des institutions.

Il est même permis d'aller plus loin et d'affirmer que le peuple dans son ensemble ne se laisse jamais saisir ni même représenter : c'est qu'il est empiriquement « introuvable » (pour citer Pierre Rosanvallon). En effet, chaque minute, des citoyens meurent et de nouveaux citoyens naissent — Hobbes, en son temps déjà, parlait de « l'instabilité du nombre[64] ». Et pourtant, la tentation est grande, que ce soit en raison d'illusions métapolitiques ou en raison d'un soi-disant réalisme politique (réalisme de la politique de la force), de prétendre embrasser le peuple dans son intégralité (Robespierre, se conformant à cet égard tout à fait à la logique hégémonique du roi de France, proclamait lui aussi qu'il était le peuple). Il est de surcroît tout à fait caractéristique que les révolutionnaires français n'aient jamais réussi à donner une forme esthétique satisfaisante au gouvernement par le peuple inauguré par eux : c'est que la totalité ne se laissait pas représenter, et que les symboles particuliers (comme le bonnet phrygien, un éphèbe ou encore Hercule couronné) ne surent eux non plus convaincre. Jacques-Louis David voulut ériger une gigantesque statue du peuple sur le Pont-Neuf ; le socle de cette statue devait être fabriqué à partir de restes de monuments royaux détruits, et son bronze devait être celui de canons ayant appartenu aux ennemis du peuple et qui devaient être fondus à cet effet (la Convention approuva le projet, mais il resta à l'état de maquette). Le peuple souverain, l'acteur prétendument le plus important de la Révolution, devint ainsi le « Yahvé des Français » ; c'est qu'il n'était pas, en tant que tel, représentable (seul le mot — disons, le principe fondamental de souveraineté populaire — put être rendu visible :

des drapeaux ornés de citations tirées du *Contrat social* de Rousseau devaient ainsi être brandis lors des fêtes révolutionnaires)[65].

Les démocrates doivent tout simplement accepter que le peuple ne se laisse jamais tout à fait saisir en tant que tel. Les médias entendent reproduire avec fidélité l'opinion publique quand elle vise l'action des députés élus ; les citoyens peuvent descendre dans la rue en masse (et faire du « peuple » un « événement » — Pierre Rosanvallon parle de « peuple-événement ») ; les citoyens en colère peuvent aussi signer des pétitions en ligne ou bombarder leurs députés de mails. Et pourtant... Quand bien même, la « véritable volonté » du « vrai peuple » ne se manifeste pas pour autant. Toutes ces initiatives, tous ces engagements citoyens peuvent, comme l'a montré Christoph Möllers, jouer un rôle significatif dans le fonctionnement de la démocratie, et laissent peut-être augurer de changements dans les rapports de force majoritaires. Mais il manque ici une forme démocratique, une procédure garantissant l'égale liberté de tous les protagonistes (et non pas seulement de ceux qui s'engagent ou manifestent leur colère). Seule la procédure, et en premier lieu la procédure électorale, comme le montre aussi Möllers, est à même de rendre suffisamment indiscutables des manifestations de volonté politique, et ce afin de justifier des décisions concernant une collectivité politique dans son ensemble. Ces décisions peuvent s'avérer mauvaises, mais un homme politique aux convictions démocratiques l'admettra toujours. La question consiste plutôt à savoir si un citoyen en colère est à même de reconnaître que sa position n'est peut-être pas juste et ne reflète peut-être en rien la véritable volonté du peuple[66].

Cette distinction problématique entre une forme concrète et une substance qui n'est guère facile à saisir, mais qu'il importe sans doute de rendre manifeste, d'une manière ou d'une autre, avait pu être interrogée bien avant que les populistes sévissent dans la démocratie représentative[67]. Balde de Ubaldis, le juriste du Moyen Âge, par exemple, avait élaboré une théorie se rapprochant de celle des deux corps du roi[68]. Sa théorie affirmait qu'il existait, d'un côté, le peuple comme groupe empirique en transformation constante et, de l'autre, un *populus* éternel, sorte de *corpus mysticum*[69]. Et dans la mesure où il était possible de distinguer ledit « *king body politic* » du « *king body natural* »[70], il était également possible dans cette logique d'opérer une distinction entre le « *people body politic* » (Balde de Ubaldis utilisait la formule « *hominum collectio in unum corpus mysticum* ») et le peuple représenté par des institutions — et de les faire jouer l'un contre l'autre. De la même façon que, par exemple, les adversaires de Charles Ier, qui affirmaient combattre le roi pour défendre le Roi *(« we fight the king to defend the king »)*, les populistes peuvent attaquer les faux représentants du peuple au nom du peuple véritable, non institutionnalisé[71].

Cela ne veut pas dire que seuls des politiciens professionnels élus ou des candidats officiels soient en droit d'affirmer être représentatifs. Une conception de la politique cantonnant celle-ci aux institutions étatiques aurait par exemple pour conséquence de faire rester chez eux des citoyens souhaitant manifester contre un gouvernement ; après tout, ne se résumeraient-ils pas à une « petite minorité radicale » (une expression qui servit souvent, à une époque, à stigmatiser le mouvement étudiant ouest-allemand) ?

En démocratie, chacun peut revendiquer sa représentativité en vertu de son positionnement politique ; et la démocratie encourage même la multiplication continuelle de telles revendications. Pour ne prendre qu'un exemple, les affiches « Nous sommes le peuple » du mouvement Pegida, en Allemagne, provoquent en réaction l'apparition d'autres affiches du type « Non, c'est nous qui sommes le peuple[72] ». Au lieu de simplement donner forme à quelque chose de déjà existant, une revendication de représentativité (ce que Michael Saward a appelé une « *representative claim* ») amène tout d'abord un groupe à se concevoir et à se construire comme un ensemble ayant besoin d'être représenté et étant digne de l'être (et ce serait une grossière erreur que de considérer qu'une fausse conscience puisse être l'origine d'une telle manière de se concevoir)[73]. Dans cette mesure, c'est faire fausse route que de supposer que les intérêts des électeurs sont toujours déjà objectivement fixés, et qu'il ne s'agirait que de les représenter. C'est que la revendication de représentativité est une promesse qui doit toujours à nouveau être honorée dans les faits, c'est-à-dire, en définitive, être sanctionnée à travers des élections[74]. Personne, *a priori*, ne peut connaître la volonté du peuple ; c'est toujours *a posteriori* seulement que nous apprenons l'existence de majorités (qui, souvent, ne sont que relatives).

En conséquence, il existe une différence importante entre, d'un côté, la critique des politiciens qui sont au pouvoir ainsi que de leurs programmes et, d'un autre côté, la tentative de dénier toute légitimité aux représentants du peuple élus au nom d'une totalité fictive. Parce que les populistes font précisément cela, ils mettent en doute, aux côtés des hommes politiques « mainstream » qu'ils aiment diffamer, dont ils aiment douter de la moralité, les procédures qui ont amené ces politiciens au pouvoir. L'idée-force des populistes est que notre démocratie telle qu'elle fonctionne dans les faits, réellement, réduit la majorité au silence et s'avère donc viciée par principe. Geert Wilders a effectivement présenté la Chambre basse du Parlement des Pays-Bas comme un « pseudo-Parlement », et il a constamment dénigré ses collègues en les présentant comme des « pseudo-hommes politiques » ; en Hongrie, Viktor Orbán boudait ostensiblement les séances parlementaires lorsque son parti était dans l'opposition ; quant aux représentants du Tea Party, aux États-Unis, ils n'ont eu de cesse d'affirmer bruyamment qu'Obama gouvernait contre la volonté de la majorité.

Un point supplémentaire se fait jour ici : il ne s'agit absolument pas, pour les populistes, de remettre en question le principe de représentation politique en lui-même, mais de remettre en cause des procédures qui amènent au pouvoir les faux représentants du peuple. Il ne leur suffit ensuite, bien souvent, que de franchir un pas, un seul, pour propager des théories conspirationnistes (un mot-clé, ou mantra, est ici la « presse mensongère »), lesquelles affleurent toujours à nouveau dans leurs discours, ce qui amena en son temps Richard Hofstadter à observer que les populistes cultivent en permanence un « style politique paranoïaque[75] ».

Dans une démocratie fonctionnant peu ou prou, le fait de revendiquer être *le* peuple est donc toujours de nature populiste. Des appels du type « *Nous aussi* sommes le peuple » (appels peut-être complétés d'un « Et vous nous avez oubliés ! ») peuvent en revanche contribuer à de fructueuses confrontations démocratiques. En démocratie, chacun peut par principe revendiquer représenter un groupe bien déterminé (en fondant par exemple un parti), mais pour cela chacun doit aussi se plier au seul « jugement du peuple », dont la traduction réelle, empirique, est le résultat des urnes. Un populiste qui perd une élection refuse de se plier à un tel jugement empirique : il opère en effet une distinction — absolument fatale pour la démocratie — entre résultat électoral *empirique* et résultat électoral *moral*. Lorsque, en Hongrie, Viktor Orbán dut, à la surprise générale, s'avouer vaincu aux élections législatives de 2002 (suite à quoi il lui fallut renoncer à sa charge de Premier ministre), il déclara que la nation — que son parti, manifestement, était le seul à représenter — ne pouvait en aucun cas se retrouver dans l'opposition. Lorsque le populiste mexicain de gauche Andrés Manuel López Obrador échoua aux élections présidentielles de 2006 (de très peu), ses partisans campèrent des semaines durant en plein centre de Mexico, affirmant être le vrai *pueblo*, le vrai peuple. « AMLO », comme se désigne lui-même ce tribun populaire, finit tout de même par reconnaître sa défaite. Il déclara néanmoins que la victoire de la droite était « impossible sur le plan moral » et continua avec entêtement à se présenter comme le « président légitime » du Mexique[76]. En d'autres termes, la victoire des « traîtres au peuple » n'était à proprement parler possible que sur le seul plan empirique ; et aux yeux des populistes, et dans leur imaginaire, tout ce qui relève du monde empirique est toujours, on l'a vu, à ranger derrière ou après la morale. Cette vision des choses, de ce qui ne peut être, de ce qui n'a pas lieu d'être, peut encore être renforcée au moyen d'un argument déjà discuté dans les pages qui précèdent, cet argument consistant à accuser l'adversaire de ne faire en rien partie du peuple. C'est ainsi que les populistes tentent de gommer le paradoxe pouvant se constater entre leur revendication morale et la réalité de leur situation lorsqu'ils sont relégués dans l'opposition.

Certes, il serait possible d'objecter à cela que tout homme politique revendiquant sa représentativité le fait avec forte conviction, persuadé qu'il est de représenter déjà, réellement, de grandes parties de la population — et de pouvoir encore à l'avenir persuader l'ensemble des citoyens de la justesse de ses positions. Pour le dire différemment, personne n'ose affirmer aux yeux de tous ne représenter que de quelconques intérêts particuliers et ne mener qu'un travail de lobbying, etc. Surtout, il apparaît clairement, avec des politiciens respectant les règles du jeu démocratique, que de telles revendications peuvent aussi être démenties par les faits[77] : hélas, en effet, il arrive toujours un moment où les urnes parlent et où l'on échoue à convaincre le nombre d'électeurs espéré — et que l'on doive dès lors poursuivre cette tâche de persuasion dans les rangs de l'opposition.

Beaucoup de formules toutes faites, très répandues, et presque toujours stéréotypées, sont ainsi plus riches de signification et plus importantes que ce que l'on pourrait penser au premier abord : elles expriment le fait que l'on est prêt à relativiser ses propres revendications de représentativité (au lieu, par exemple, d'affirmer représenter le peuple véritable et prétendre que les élites qui, inexplicablement, ont remporté les élections auraient confisqué le pays au peuple)[78]. Toute représentation est éphémère. Et la revendication de représentativité est en fin de compte une sorte de postulat, d'hypothèse, qui peut être aussi démenti(e) par les faits. Et que l'on testera ensuite une nouvelle fois à l'occasion de l'élection suivante.

Résumons donc le propos tenu jusqu'ici : on ne reconnaît pas les populistes à leur électorat prétendument affligé de passions tristes comme le ressentiment ; on les reconnaît aux mots qu'ils utilisent[79]. Mais il n'est pas seulement question ici d'une rhétorique bien précise pensée comme un style politique, ou d'un type bien spécifique de « performance » politique, au moyen duquel des politiciens en appellent directement au peuple, provoquent des crises et étalent leurs « mauvaises manières » pour mieux se démarquer des élites existantes[80]. Certes, nombre de populistes peuvent faire preuve de mauvaises manières et revendiquer leur proximité avec le peuple de façon grossière : l'Américain George Wallace, par exemple, prenait soin de porter en permanence des costumes bas de gamme et soulignait à la moindre occasion qu'il rajoutait toujours du ketchup dans son assiette (il est également connu pour avoir déclaré que les seuls mots à quatre lettres que les hippies ne connaîtraient jamais étaient « w-o-r-k » [travail] et « s-o-a-p » [savon])[81]. Mais de telles questions de style constitueraient des critères bien trop subjectifs. Le fait d'en appeler au peuple et le désir d'être populaire ne sont pas l'apanage des populistes : ces deux traits se constatent chez pratiquement tous les hommes politiques. Comme l'a déjà montré Hans-Jürgen Puhle, à raisonner ainsi, le populisme deviendrait plus ou moins synonyme de politique démocratique moderne, ou se verrait du moins ramené à une simple « stratégie de mobilisation », stratégie qui peut se constater, sous une forme ou sous une autre, chez pratiquement tous les acteurs politiques[82].

Deux critères décisifs permettent plutôt de reconnaître les populistes : d'une part, un antipluralisme farouche et, d'autre part, une référence constante au peuple en tant qu'entité morale indiscutable[83]. De surcroît, je l'ai dit, les populistes ne se montrent pas hostiles au principe de représentation politique : ils se montrent seulement plus que sceptiques, plus que réservés, à l'endroit de toutes les institutions censées faire œuvre de médiation (non pas seulement dans la sphère politique, mais aussi pour tout ce qui touche à la sphère médiatique — qui, par définition, fait œuvre de médiation). Même si les populistes défendent les contenus les plus divers et même, de temps à autre, les plus contraires les uns aux autres, j'écarte ici, dans ma tentative de définition du populisme, tout ce qui relève du *anything goes*, du *tout convient*, dans la mesure où mon ambition, ici, consiste à définir la logique structurelle inhérente au populisme.

Chapitre II

... ET DANS LA PRATIQUE

« Tout pouvoir vient du peuple. Mais où va-t-il ? »

BERTOLT BRECHT, *Trois paragraphes de la Constitution de Weimar*[1]

Beaucoup pensent que les populistes vivraient tous dans une sorte de monde politique imaginaire, une impression qui s'accorde bien avec l'opinion largement répandue selon laquelle ils seraient fondamentalement incapables de gouverner. Les organisations populistes seraient toujours, dit-on, des partis du refus, des partis protestataires ; et dans la mesure où personne, en pure logique, ne saurait se contester, ni refuser de gouverner une fois arrivé au pouvoir, ces contempteurs des élites que sont les populistes deviendraient à leur tour partie intégrante et partie prenante des élites — raison pour laquelle leur atout principal, leur carte morale, s'avérerait très vite inopérant. Bref, on ne ferait pas une politique, et à plus forte raison un État, avec de l'anti-politique. Une autre variante de la thèse selon laquelle les populistes seraient par définition incapables de gouverner consiste à avancer qu'ils tomberaient inévitablement de leur piédestal dès qu'ils arriveraient aux responsabilités : leurs promesses simplistes se dissoudraient alors tout de suite dans le bain d'acide du quotidien politique. Les « outsiders anti-establishment » perdraient toute crédibilité aux yeux de leurs partisans et disparaîtraient à nouveau rapidement de la scène politique, ou du moins seraient chassés de leur monde imaginaire pour se transformer en partisans du pragmatisme[2]. D'une manière ou d'une autre, le problème se résoudrait donc de lui-même…

En émettant un tel diagnostic, les démocrates libéraux s'en tirent là encore un peu vite à bon compte, se complaisant dans l'illusion d'une sécurité politique qui, en vérité, n'existe pas. D'une part, il est parfaitement possible d'être au pouvoir et de critiquer dans le même temps les élites, en l'occurrence les anciennes élites qui continueraient prétendument de tirer les ficelles en coulisse, et qui, ce faisant, empêcheraient les populistes de mettre en application la véritable volonté du peuple. Que l'on pense seulement à Hugo Chávez, qui voyait constamment à l'œuvre d'obscures manœuvres secrètes de l'opposition, bien décidée selon lui à saboter son socialisme d'un nouveau type, ou qui rendait les États-Unis responsables du fiasco de la révolution bolivarienne. Prenons aussi Recep Tayyip Erdoğan qui, alors qu'il avait depuis longtemps déjà commencé à s'accaparer tous les pouvoirs, se présentait encore comme un laissé-pour-compte, à qui l'establishment kémaliste n'avait, prétendait-il, pas cessé de mettre tous les bâtons possibles et imaginables dans les roues. Ou considérons, en Pologne, Jarosław Kaczyński qui, une fois arrivé au pouvoir, soupçonna un ténébreux « réseau » d'ex-communistes de vouloir saboter le travail de son gouvernement (raison pour laquelle de nouveaux « agents secrets » devaient ensuite être constamment démasqués entre 2005 et 2007, période où il dirigea le gouvernement polonais). Des majorités peuvent se comporter comme des minorités persécutées, et les représentants de telles majorités, qui peuvent avoir intérêt à se mettre ainsi en scène afin de faire oublier leurs propres échecs, peuvent tirer profit de cette façon de se percevoir et de se mettre en scène.

Aiguiser la polarisation de la confrontation politique, la moraliser à l'extrême (aux yeux de Chávez, George W. Bush n'était rien de moins que le diable en personne), dénicher des ennemis toujours nouveaux : tout cela, les populistes le font non seulement lorsqu'ils sont dans l'opposition, mais aussi lorsqu'ils sont au pouvoir. Chávez, par exemple, déclara, à l'occasion d'une grève générale initiée en 2002 par l'opposition, qu'il ne s'agissait pas là d'une opportunité de décider « qui était pour Chávez et qui était contre Chávez », mais d'un « combat des patriotes contre les ennemis de la patrie »[3]. Kaczyński, mis sous pression par l'Union européenne en raison de sa tentative de remanier le système politique au seul profit de son parti, attaqua les compatriotes qui le critiquaient en les traitant de « Polonais de dernière catégorie », les accusant d'être presque « génétiquement » des traîtres à la patrie. Cette crise politique fut mise en scène par le pouvoir, sur la durée, jusqu'à revêtir une sorte de permanence ; dès lors, la politique en Pologne ne se déroula plus que sur le mode de l'état de siège permanent[4]. Et de fait, des populistes comme Chávez ou comme Rafael Correa, le président équatorien, envisagent l'activité de gouvernement comme une sorte de combat électoral ne prenant jamais fin (ce qui, il est vrai, peut aussi être dit de beaucoup de politiciens démocrates). Correa conçoit en effet sa charge de président comme celle d'un « motivateur », d'un leader entretenant la motivation[5]. Les populistes intègrent à une stratégie de ce type une mise en scène de leur soi-disant proximité avec le peuple, au besoin chaque semaine : en Hongrie, chaque vendredi, Viktor Orbán donne un entretien à la radio nationale ; Chávez disposait pour lui seul d'un célèbre talk-show qui lui était entièrement dédié, *Aló Presidente*, dans le cadre duquel de simples citoyens avaient la possibilité de s'adresser directement au président et d'évoquer avec lui leurs inquiétudes et leurs difficultés. Des membres du gouvernement présents sur le plateau se voyaient ensuite donner des instructions apparemment spontanées (un jour, devant les caméras, Chávez ordonna au ministre de la Défense d'envoyer dix bataillons de chars d'assaut à la frontière du pays avec la Colombie). En général, de telles émissions étaient l'occasion d'annoncer en direct le versement de telle ou telle nouvelle allocation sociale, le show durant parfois six heures. Correa et Morales disposent aujourd'hui d'émissions de télévision similaires[6].

On pourrait balayer ces manières de faire d'un revers de main, en les présentant comme du folklore pur et simple. Nous avons pourtant là un trait caractéristique décisif : les populistes ont recours à des techniques d'exercice du pouvoir bien précises ; ou plutôt, ils cultivent un style de gouvernement qui leur est tout à fait propre, et qui s'articule parfaitement à leur revendication morale d'un monopole de la représentation. Trois aspects de cet anti-pluralisme réellement mis en pratique se détachent tout particulièrement : la volonté de s'accaparer la totalité des rouages de l'État ; la stratégie consistant à s'attirer la loyauté du peuple en pratiquant un clientélisme de masse ; l'hostilité active à l'encontre de la société civile et, notamment, des médias. Rien de particulier en soi, pourrait-on objecter en avançant que c'est, finalement, ce que tout architecte avisé d'un régime autoritaire tente de faire. La spécificité des populistes réside pourtant dans le fait que toutes ces mesures sont justifiées par eux au moyen de principes moraux, et peuvent être appliquées au nom de ces principes moraux ainsi qu'au nom d'idéaux apparemment démocratiques. C'est précisément pourquoi les populistes n'ont pas à dissimuler leurs pratiques et peuvent, dans le même temps, empocher la mise sur le plan de la « démocratie » qui, en dépit de toutes les difficultés, reste l'idée normativo-politique la plus attractive dans le monde entier.

TROIS TECHNIQUES POPULISTES D'EXERCICE DU POUVOIR (JUSTIFICATIONS MORALES COMPRISES)

Les populistes s'accaparent l'appareil d'État et placent les membres de leurs partis et autres partisans à des postes qui devraient normalement être dévolus à des serviteurs de l'État parfaitement neutres sur le plan politique. Que l'on pense, pour la Hongrie, à Viktor Orbán et à son parti, la Fidesz-Union civique hongroise ; et, pour ce qui est de la Pologne, à Jarosław Kaczyński et à son parti Droit et Justice (le PiS). L'une des premières mesures qu'ils prirent chacun de leur côté consista à modifier les législations respectives de leurs pays relatives à la fonction publique, et ce afin de placer dans tous les rouages de l'administration des camarades de lutte leur étant entièrement acquis. Leurs gouvernements respectifs tentèrent aussi, et le plus vite possible, de placer sous leur contrôle la justice et les médias, afin d'empêcher — tel est toujours le motif avancé — que les journalistes continuent d'agir contre les intérêts de la nation (dans le cas de la Pologne, ce furent aussi les services secrets qui focalisèrent immédiatement l'attention du nouveau gouvernement : je l'ai dit plus haut, on continuait à l'évidence à craindre que des « réseaux » ne soient à l'œuvre en leur sein). Celui qui s'aventurait à critiquer ces mesures était alors stigmatisé, présenté comme un défenseur égoïste des vieilles élites corrompues, ou même insulté, traité de traître à la nation.

À coup sûr, l'impératif « Occupy the State ! », consistant à s'accaparer l'appareil d'État, n'est pas l'apanage des populistes ; et en effet, les politistes ont depuis longtemps déjà attiré l'attention sur le fait que les partis, dans pratiquement toutes les démocraties, s'imbriquent toujours plus à l'appareil d'État[7]. Mais, là encore, les populistes montrent une réelle spécificité : ils se permettent de revendiquer, et de façon pour le moins offensive, une pratique plutôt douteuse et qui est généralement occultée. En effet, rappelons-le, ils se considèrent et se présentent comme les seuls représentants légitimes du peuple — pourquoi donc, dans ces conditions, le peuple ne devrait-il pas entrer en possession de son propre appareil d'État et s'assurer lui-même de la mise en application de son authentique volonté par le personnel étatique idoine ? Le serviteur de l'État politiquement neutre qui réclame des règles procédurales, ou le juge qui s'en tient à l'observation des principes constitutionnels, pourra ensuite, et très vite, passer pour un ennemi de la démocratie et être, dans la foulée, mis à la retraite. Et c'est de cette façon, à travers une révolution par le haut, qu'un État-Fidesz ou encore un État-PiS ont été créés de facto.

Le « clientélisme de masse », comme l'appellent les politistes, constitue une autre stratégie de sécurisation du pouvoir familière aux populistes. En Équateur et au Venezuela, pareille stratégie fut favorisée, et peut-être même rendue possible au début, par le boom pétrolier ; en Europe, les gouvernements qui la pratiquent peuvent, par exemple, et cela est fréquent, détourner les subventions versées par l'Union européenne et les utiliser dès lors comme ils le feraient d'une matière première de grande valeur mise gratuitement à disposition, et ce dans le but de s'assurer la loyauté des citoyens[8]. Il s'agit là, sans aucun doute, d'un marchandage : on marchande du soutien politique contre des avantages personnels (des petits postes dans la fonction publique, des faveurs administratives, etc.). Là encore, les populistes peuvent camper sur une stratégie à la fois offensive et revendiquant une parfaite bonne conscience (Jörg Haider, autre exemple, distribua un jour en public des billets de banque à ses partisans), une stratégie que les autres politiciens se montrent habituellement plutôt réticents à adopter. Les populistes considèrent que seuls des citoyens bien précis, répondant à des critères bien précis, appartiennent au vrai peuple, et qu'eux seuls méritent de bénéficier des prestations étatiques, quelles qu'elles soient. En privilégiant une clientèle bien précise (et donc en en excluant d'autres), on se ménage une assise, sa loyauté, et on sécurise ainsi son pouvoir ; et, dans le même temps, on crée un collectif, lequel vient incarner ce peuple idéal : au Venezuela, ladite « Boliburguesia », cette « bourgeoisie chaviste » qui profita matériellement de la révolution bolivarienne mise en œuvre par Chávez ; en Turquie, la nouvelle classe moyenne anatolienne, qui assure toujours plus à Erdoğan de confortables majorités lorsqu'il s'agit de se rendre aux urnes ; ou encore, en Hongrie, certains groupes bien précis, qui réussissent économiquement, montrent une fibre patriotique, se rendent fréquemment à l'église, ont beaucoup d'enfants, et correspondent ainsi au modèle de culture « chrétienne-nationale » prôné par Orbán[9].

Autre conséquence, les révélations sur le clientélisme de masse pratiqué par les populistes ainsi que sur leurs pratiques de corruption ne leur nuisent pas forcément. C'est que leurs soutiens considèrent généralement que les populistes font tout ce qu'ils peuvent pour les aider[10]. Nous avons probablement là la seule explication au fait qu'Erdoğan, en dépit d'éléments accablants, continue à être vénéré par son électorat, qui le considère comme une figure morale de grand chef de la nation ; et au fait aussi que le « feschiste[11] » Haider et son parti, le FPÖ, aient pu supporter à peu près sans dommage une véritable litanie de scandales (on peut également citer ici Umberto Bossi et la Ligue du Nord). Comme Karin Priester, là encore, l'a observé judicieusement, le fait que les populistes fassent en définitive très exactement ce qu'ils reprochaient avec la plus grande véhémence à la vieille « caste politicienne », lorsque eux-mêmes étaient encore dans l'opposition, ne manque pas de piquant[12]. La nouvelle caste fait ensuite très exactement la même chose que celle qui l'avait précédée aux affaires — et ce, sans se départir le moins du monde de ses prétentions morales offensives.

Ce n'est pas tout. Une résistance issue de la société civile peut s'organiser contre des populistes parvenus au pouvoir (sans que cela se traduise forcément sur le plan politique) ; dans un tel cas, il est pour les populistes d'une importance symbolique capitale de discréditer ce type d'opposition. Faute de quoi ils cesseraient d'apparaître comme les représentants du peuple dans sa totalité[13].

C'est pour cette raison même que des dirigeants populistes comme Vladimir Poutine ou Viktor Orbán laissent constamment entendre que les pans de la société civile qui se montrent critiques à leur égard sont en fait téléguidés de l'extérieur, par des agents étrangers. Cela explique les mesures drastiques prises à l'encontre des organisations non gouvernementales qui, en Hongrie par exemple, sont effectivement soutenues par des États comme la Norvège, sans aucun doute partie active d'un axe du mal libéral, mais qui sont néanmoins indépendantes. C'est exactement ainsi qu'un régime populiste se crée le peuple au nom duquel il s'est toujours exprimé et a toujours agi : à l'État-Fidesz et à l'État-PiS correspondent un peuple-Fidesz et un peuple-PiS[14]. Le populisme est prophétie autoréalisatrice.

Ces trois techniques d'exercice du pouvoir (prise de possession de l'appareil d'État, clientélisme de masse et discréditation de toute opposition) partagent toutes un même trait caractéristique, que l'on désigne de temps à autre sous le terme de « légalisme discriminant ». En quoi consiste un tel « légalisme discriminant » ? Disons que le droit sera appliqué différemment selon les groupes auxquels on aura affaire : toutes les subtilités juridiques seront exploitées, de façon vétilleuse, dès que l'on aura affaire à des adversaires politiques et, chaque fois que cela sera possible, le droit sera, contre eux, interprété à la lettre ; le droit « normal » s'appliquera aux sympathisants politiques, ou plutôt, on tentera, pour ce qui les concerne, de fixer des règles d'exception et de concéder des avantages. Ou, comme vient le signifier une expression anglaise à la concision exemplaire : « *Everything for my friends ; for my enemies, the law* » [« Tout pour mes amis ; pour mes ennemis, la loi »][15].

Pourquoi donc, pourrait-on alors demander, les populistes n'abolissent-ils pas entièrement les processus électoraux et l'État de droit, afin de s'autoproclamer, en référence au modèle mussolinien, détenteurs d'un pouvoir absolu démocratiquement légitimé[16] ? Il y a probablement de nombreuses raisons à cela (et mes réflexions sont ici, je le concède, de nature plutôt spéculative). D'une part, renoncer explicitement à la démocratie revient — chose problématique — à perdre du crédit au niveau international, même si cela n'est pas toujours suivi de sanctions effectives. Quand les populistes parviennent à conserver le pouvoir en recourant à des manipulations que leurs adversaires politiques, mis sur la défensive, peuvent avoir des difficultés à démontrer, les coûts de leur stratégie de domination s'en voient minimisés[17]. Les élections peuvent rester formellement libres — personne ne reproche à la Fidesz-Union civique hongroise ou à l'AKP d'Erdoğan de falsifier les listes électorales —, mais l'adjectif « libre » n'est pas forcément synonyme de « régulier »[18] : lorsque la plupart des médias soutiennent le gouvernement, lorsque l'opposition politique n'a guère de possibilité d'articuler sa critique du pouvoir et ne peut non plus la diffuser ensuite avec efficacité, alors le libéralisme n'est pas « seul » à souffrir, comme le laisse entendre la très suggestive expression de « démocratie illibérale[19] ». Des droits fondamentaux, constitutifs de la démocratie, comme la liberté d'opinion et la liberté de réunion, seront finalement restreints ou ponctuellement retirés, avec pour résultats tous les dommages que l'on imagine pour la démocratie. Contrairement aux critiques qui prétendent que la Hongrie sous Viktor Orbán ou la Pologne sous Jarosław Kaczyński auraient à nouveau replongé dans le totalitarisme, il importe toutefois de souligner très clairement que les régimes populistes s'accrochent à certaines institutions démocratiques et que, par ailleurs, l'État de droit ne disparaît pas du jour au lendemain. L'État piloté par un gouvernement populiste se rapproche beaucoup, me semble-t-il, de ce qu'Ernst Fraenkel a appelé l'« État double », c'est-à-dire un État où les règles sont certes respectées dans l'ensemble, mais où le régime en place peut néanmoins, à tout moment, imposer des mesures politiques arbitraires[20]. Il n'est pas question de dire que les populistes respectent l'idée de démocratie. Prétendre cela, ce serait leur faire un plaisir indu — leur offrir, sans nécessité aucune, une occasion rêvée de se légitimer. Le fait qu'ils soient, souvent, réellement populaires n'est pas contestable. Orbán et Poutine remporteraient probablement aussi des élections sans recourir à de quelconques manipulations. Mais cela ne signifie pas pour autant que nous avons avec eux d'authentiques démocrates, des régimes démocratiques dans l'acception institutionnelle du terme. Un concept comme celui de « démocratie défectueuse » me semble convenir bien mieux ici dans la mesure où, contrairement au terme de « démocratie illibérale », il ne suggère pas que nous aurions affaire à une variante légitime bien précise de démocratie, ni qu'il serait possible de faire jouer à sa guise les droits de l'homme et du citoyen les uns contre les autres, au lieu de comprendre ces droits comme des droits « co-originaires » (Habermas)[21]. De surcroît, ce concept de « démocratie défectueuse » permet d'éviter que se consolide l'impression, littéralement fatale sur le plan politique, d'une sorte de division du travail normative entre, d'un côté, les États-nations, qui pratiqueraient la démocratie et, d'un autre, l'Union européenne et les autres organisations internationales, qui seraient au contraire acquises au libéralisme. Un politicien explicitement hostile à la sensibilité libérale comme Orbán pourrait en effet se féliciter qu'un tel schéma s'impose : c'est que, dans un tel schéma, il se verrait, de fait, présenté en défenseur de la démocratie[22].

Par ailleurs, il ne saurait être question d'affirmer que la « démocratie illibérale » serait *en permanence* une contradiction en soi. Par exemple, de nombreux démocrates-chrétiens se sont présentés tout au long des XIXe et XXe siècles comme des partisans d'une démocratie illibérale, comme des démocrates ne transigeant pas sur leur très rigide anti-libéralisme (que l'on pense seulement au philosophe catholique Jacques Maritain, qui participa à la rédaction de la Déclaration universelle des droits de l'homme, et dont l'influence fut en son temps considérable)[23]. Mais cela ne signifiait pas que les démocrates-chrétiens, une fois arrivés au pouvoir, entendaient marginaliser ou même réprimer directement ceux qui pensaient différemment d'eux (ou qui étaient de confession différente de la leur). Ils revendiquaient fièrement leur anti-libéralisme au motif que le « libéralisme » était à leurs yeux synonyme d'individualisme, de matérialisme et d'athéisme. La grille de lecture mettant en opposition, d'une part, des démocrates libéraux respectueux des minorités vulnérables et, d'autre part, des démocrates illibéraux décidés à instaurer, de facto, une tyrannie de la majorité n'est d'aucune pertinence : il s'agissait plutôt, en l'occurrence, de fondements et de justifications philosophiques de la démocratie foncièrement différents. Le respect que la démocratie doit aux citoyens en tant qu'individus libres et égaux n'était remis en question par aucun de ces démocrates illibéraux ; et ils ne remettaient pas plus en cause l'idée d'un irréductible pluralisme du corps électoral (même si le chemin conduisant à la reconnaissance de cette idée fut souvent long et tortueux, notamment du côté des intellectuels catholiques). Pour ne prendre que cet exemple, les intellectuels de la Fidesz s'attachent aujourd'hui à démontrer que la profession de foi de Viktor Orbán d'édifier un « État illibéral » se situerait dans le droit-fil de la tradition propre à la démocratie-chrétienne européenne ; tout cela n'est que poudre aux yeux pour toutes les raisons que je viens d'évoquer[24].

DES « CONSTITUTIONS POPULISTES » : UNE CONTRADICTION EN SOI ?

Les populistes tendent en règle générale à s'accrocher au pouvoir et à justifier constamment cette manière de faire. C'est que la soi-disant indiscutable volonté du peuple consiste en un postulat qui peut être résumé ainsi : c'est aux populistes de représenter le peuple. Lorsqu'on a saisi cette logique, il n'y a plus à s'étonner que les populistes tentent de rédiger leurs propres Constitutions en s'appuyant sur leurs propres principes. Toutefois, une telle chose surprend encore ceux qui considèrent que les populistes manifesteraient constamment de l'hostilité à l'encontre de toutes les institutions politiques et entendraient avant tout préserver la dynamique de leur mouvement. Celui qui n'envisage le populisme que comme une simple stratégie de mobilisation refuse de croire que les populistes se soumettent de leur plein gré, d'une manière ou d'une autre, à des contraintes institutionnelles, synonymes, en fin de compte, de Constitution. Il est pourtant devenu évident que cette manière caricaturale de présenter les populistes, de les envisager comme des « ennemis par principe des institutions », a peu à voir avec la réalité, pas même dans l'Amérique latine des *caudillos*, où l'image du guide charismatique se faisant acclamer par les masses du haut d'un balcon est encore pour longtemps, très vraisemblablement, de l'ordre du plausible.

Dire que les populistes peuvent élaborer des Constitutions ne suffit pas : ils le veulent aussi. Seulement, ils entendent créer un type bien particulier de Constitution, qui doit se montrer conforme à leurs principes fondamentaux, avant tout antipluralistes[25]. Concrètement, cela signifie qu'un gouvernement élu s'avérera l'unique représentant légitime du peuple et donc aussi le seul pouvoir constituant légitime. Chávez, par exemple, manipula les procédures électorales de façon à se voir offrir une assemblée constituante lui étant acquise. En Hongrie, en 2011, le gouvernement aux couleurs de la Fidesz écarta totalement l'opposition et la société civile de l'élaboration d'une nouvelle Constitution, ce qui lui attira une nouvelle fois de vives critiques de la part des observateurs internationaux[26]. Il y eut certes un questionnaire, qui fut envoyé à tous les foyers ; pourtant, ses résultats ne furent jamais rendus publics (Orbán, en tout cas, déduisit de cette enquête d'opinion que les citoyens ne voulaient pas seulement bénéficier de droits, mais aussi remplir des devoirs). De surcroît, aucun référendum ne fut organisé au sujet de la nouvelle Constitution ; en effet, on prétendit que les citoyens avaient déjà accompli au mois d'avril 2010, à l'occasion des habituelles élections législatives, une « révolution dans les urnes » et, ce faisant, avaient chargé la Fidesz de concevoir une nouvelle Constitution (une nouvelle fois, nous rencontrons ici l'idée d'un mandat impératif protégeant apparemment un gouvernement de toute remise en cause critique)[27]. Orbán formula en effet la chose de façon très claire et nette :

« Le peuple a donné un bon conseil […] au Parlement hongrois, il a donné une bonne directive [en demandant que soit élaborée la Constitution], et le Parlement l'a suivi. En ce sens, les critiques dirigées contre la Constitution hongroise ne visent pas le gouvernement, mais le peuple hongrois. […] Contrairement à ce que leurs auteurs veulent nous faire croire, l'Union européenne n'a aucun problème relationnel avec le gouvernement […] ; la vérité, c'est qu'ils attaquent la Hongrie même[28]. »

Ces amalgames sont de nature à donner le vertige. Et, chose extrêmement utile pour l'analyse, ils nous en apprennent beaucoup sur la logique populiste dans sa forme la plus pure.

Nous avons là un parti qui n'obtient à vrai dire dans les urnes qu'un peu moins de 53 % des voix (la participation électorale ayant tourné autour des 65 %, 2,7 millions d'électeurs sur les 8 millions de citoyens en droit de voter votèrent donc pour la Fidesz) et qui parvient pourtant à remporter les deux tiers des sièges du Parlement par la grâce du scrutin non proportionnel, et ce dans le but de rédiger à lui seul une nouvelle Constitution. Chávez comme Orbán ont créé un type de Constitution que le juriste Dieter Grimm a qualifié de « Constitution exclusive », c'est-à-dire une Constitution conçue comme devant être mise au service d'un parti (ou d'une coalition) et qui, pour l'essentiel, exclut les autres[29].

Orbán ne cessa d'affirmer que la Constitution précédente n'était en aucun cas celle d'une authentique démocratie. Orbán comme son disciple varsovien Kaczyński, un disciple qui apprend vite de son maître, entonnent le même refrain : la révolution de 1989 se serait embourbée à mi-chemin ou aurait été corrompue par les anciennes élites communistes ; grand besoin se serait donc fait sentir d'un pôle politique fort, capable d'organiser le passage à la vraie démocratie et, en définitive, à une nouvelle république (notons cependant que, le 1er janvier 2012, le nom officiel de la Hongrie a cessé de comporter le mot de « république » ; en effet, aux yeux des intellectuels de la Fidesz, la notion de « république » est intrinsèquement associée au socialisme d'État). En revanche, Kaczyński aspire à une « quatrième république ». Quant à Chávez, il est parvenu relativement vite à instaurer, au fil de l'élaboration et de l'adoption d'une Constitution, une « république bolivarienne[30] ».

Et pourtant, il est permis de se demander si une Constitution, en tant que système de règles et de limitations, ne constitue pas, par principe, un problème pour les populistes. Ceux-ci entendent, disent-ils, traduire directement dans leur politique la volonté du peuple ; or, poursuivent-ils, la volonté du peuple peut toujours changer. La question s'impose donc : un surcroît de liberté d'action ne correspondrait-il pas plutôt au caractère « anti-institutionnel » et « anti-systémique » des mouvements populistes qui, comme le mot de mouvement l'indique déjà, entendent agir sur un mode dynamique[31] ?

Pas forcément, lorsqu'on part du principe que la Constitution doit donner une forme durable à une volonté populaire prétendument homogène et première. L'idée est ici que seuls les rédacteurs de la Constitution populiste sont à même de représenter cette volonté du peuple ; mais une telle logique aboutit, de facto, à un travail de représentation symbolique sans grand rapport avec les idées et visions du monde d'une majorité de citoyens. L'exemple hongrois est encore une fois éclairant : la Constitution-Fidesz formalise et codifie une conception ethnique de la nation hongroise ; privilégiant le christianisme, elle propose une interprétation très particulière de l'histoire du XXe siècle (aux yeux de ses critiques, elle impose une vision révisionniste de l'Histoire, masquant l'implication des Hongrois dans l'Holocauste)[32].

Une Constitution exclusive, pour reprendre à nouveau le terme de Dieter Grimm, est cause de rétrécissement symbolique. C'est qu'elle est un moyen de tenter de restreindre très fortement la marge de manœuvre politique des majorités futures. Pareille chose n'est pas, en elle-même, forcément blâmable : après tout, on trouve de telles restrictions dans toute Constitution ; quelle que soit leur nature, elles font partie des traits caractéristiques normatifs de tout texte constitutionnel. Mais le cas hongrois témoigne d'une spécificité : c'est que nombre de décisions politiques de la Fidesz qui, normalement, devraient relever de la confrontation politique quotidienne se voient conférer une valeur constitutionnelle (ce faisant, on constitutionnalise sans autre forme de procès des lois pourtant critiquées par la Cour constitutionnelle, et on se soustrait ainsi aux décisions des juges). De surcroît, des personnalités proches de la Fidesz ont été choisies au sommet de l'État pour occuper des fonctions censées être à l'abri des querelles partisanes (par exemple, elles ont été nommées à la tête des administrations en charge de la surveillance des médias) et se sont vu confier des mandats dont la durée excède de loin la durée habituelle d'une législature. Toutes ces personnalités peuvent être présentées comme des « joueurs-veto » potentiels, dont la tâche est d'empêcher un changement de direction politique fondamental, ou de déclencher, si d'aventure la Fidesz devait abandonner les rênes du pouvoir, de nouvelles élections. Les deux derniers points sont décisifs : même si le parti de gouvernement perdait une élection, cette situation ne conduirait pas automatiquement, par la grâce de la Constitution populiste, à une perte totale du pouvoir. Le parti de gouvernement continuerait à être protégé constitutionnellement au nom de l'authentique volonté du peuple, comme cela fut formalisé par la Fidesz au cours du processus constituant de 2011.

Ordinairement, les Constitutions visent à garantir le pluralisme, à permettre aux partis de rivaliser entre eux, mais aussi à délimiter, à circonscrire ces conflits. Les populistes, qui sont toujours — rappelons-le — anti-pluralistes, tentent précisément d'éradiquer cette fonction de toute Constitution. Cela ne veut pas dire que la Constitution fonctionnera toujours dans le sens de leurs intérêts, mais au moins que d'âpres conflits d'ordre constitutionnel auront toutes les chances de se produire au cas où les populistes perdraient les élections. Que l'on pense à la situation provoquée, en décembre 2015, au Venezuela, par la victoire électorale du MUD, une coalition également nommée Table de l'unité démocratique, qui parvint même à remporter une majorité qualifiée des trois cinquièmes — nécessaire à toute modification de la Constitution — au Parlement. Le président Maduro menaça tout d'abord de gouverner sans Parlement (mais avec les militaires) ; de surcroît, il mit tout en œuvre pour contester la légitimité de trois députés (et ce afin d'empêcher la formation d'une majorité favorable à une modification de la Constitution) ; les pouvoirs de l'exécutif — déjà énormément étendus par Chávez dans « sa » Constitution — le furent encore, afin que Maduro puisse désormais désigner et révoquer les directeurs de la Banque centrale sans avoir à passer par le Parlement[33] ; finalement, Maduro tenta d'instituer une sorte de Parlement alternatif prenant la forme d'un « Parlement des communes » (dans la mesure où le « cercle bolivarien », qui à l'origine était censé constituer l'institution démocratique de base, est aujourd'hui quasiment vidé de toute signification, comme cela était d'ailleurs déjà le cas sous Chávez)[34]. Le MUD, pour sa part, voulut absolument lancer un référendum portant sur la destitution de Maduro. En résumé, de cadre régulant la vie politique, la Constitution devient, avec les populistes, un objet de controverses, et même un instrument du combat politique. Un tel scénario a toutes les chances de se produire avec des Constitutions exclusives, populistes — et nous avons là une illustration du fait que les forces populistes ne parviennent pas, sur la durée, à imposer leur règne, un règne prétendument légitimé par l'authentique volonté populaire[35].

EN LIEU ET PLACE DE CONSTITUTIONS POPULISTES : UNE POLITIQUE PARTICIPATIVE INSCRITE DANS LA CONSTITUTION

Faut-il déduire de l'analyse qui précède qu'il n'existe, sur le plan normatif, absolument aucune place pour ce que l'on désigne souvent aux États-Unis sous le nom de « constitutionnalisme populiste[36] » ? Doit-on faire entendre raison, patiemment, à tous ceux qui descendent dans la rue au nom du « People Power » en leur faisant comprendre qu'ils ne font que s'abandonner à une illusion populiste faussement démocratique ? Que le peuple n'est toujours souverain, comme l'a très joliment formulé Helmut Dubiel, qu'à la table de travail des professeurs de droit public, qui élaborent après coup l'acte de création d'un système constitutionnel[37] ? Les manifestants qui défilèrent dans les rues de Leipzig à l'automne 1989 ne savaient-ils donc pas déjà ce qu'ils faisaient en proclamant qu'ils étaient le peuple ? Et lorsque, en Égypte, les masses entonnèrent sur la place Tahrir des slogans du type « Une main », « Une société » ou encore « Une exigence »[38], les choses étaient-elles condamnées, dès le départ, à tourner au vinaigre ? Faudrait-il, dans de tels cas, déployer sur place des travailleurs éducatifs occidentaux afin qu'ils expliquent aux manifestants qu'ils se sont, hélas, non seulement mépris sur la démocratie, mais aussi sur la signification d'une Constitution en les envisageant comme nécessairement pluralistes ?

Rien de ce qui a été dit jusqu'à présent ne doit dissuader les citoyens de critiquer les Constitutions existantes, ni surtout de protester contre toutes les exclusions iniques. Les procédures et critères de l'inclusion politique en vigueur peuvent toujours être remis en question — et celui qui met en doute ce point devrait se rappeler quelles taches aveugles morales et politiques, qui nous semblent aujourd'hui monstrueuses, et même à vrai dire incompréhensibles, ne furent guère l'objet de discussions dans le passé, à certaines époques très satisfaites d'elles-mêmes. Surtout, ce type de critique ne doit pas nécessairement adopter la forme d'un « Nous — et seulement nous — sommes le peuple ». Non seulement elle ne le doit pas, mais elle ne le peut pas. Celui qui considère qu'elle le devrait, afin de mener à bien des transformations fondamentales, peut bien sûr, de son côté, renvoyer aussi à l'Histoire : à l'été 1789, le tiers état des États généraux français fit ainsi valoir, nous le savons, qu'il représentait à lui seul la nation. Mais il importe ici de rappeler que les autres États y étaient de facto inclus ; du moins au cours de la première phase de la Révolution, les aristocrates et les membres du clergé n'étaient pas automatiquement considérés comme des ennemis de la nation : bien au contraire, ils purent, à la condition de renoncer à leurs privilèges, contribuer à l'élaboration de la nouvelle Constitution. D'autre part, l'Ancien Régime n'était en rien une démocratie. Dans une telle configuration, une majorité peut naturellement attirer l'attention, de façon plus ou moins claire, sur le fait qu'elle est exclue de la politique.

Pourtant, rien ne justifie de partir du principe que, dans des conditions démocratiques relativement supportables, seule la logique « *pars pro toto* » (« une partie pour le tout ») soit en mesure de provoquer des changements importants. Celui qui considère que rien n'est à attendre de la confrontation politique quand on ne met pas en équivalence la *plebs* et le *populus*, la plèbe et le peuple — et donc le « peuple infâme » et le « peuple en tant qu'une totalité » —, sera alors prié d'expliquer pourquoi notre situation devrait être comparée à celle de la France révolutionnaire ou à celle de l'ancienne république romaine[39].

Il est presque banal d'attirer l'attention sur le fait que les luttes pour la reconnaissance et l'inclusion ne se sont, par le passé, nullement appuyées sur la revendication morale d'un monopole de la représentation — et de rappeler que ce furent plutôt, fréquemment, de simples citoyens qui, endossant le rôle d'interprètes de la Constitution, en appelèrent à la réalisation des promesses qu'elle contenait[40]. La logique décisive n'était pas ici « Nous sommes le peuple », mais « Nous sommes *aussi* le peuple ! » (ou plutôt « Nous représentons *aussi* des parties du peuple »). Comme cela a déjà été expliqué, une démocratie permet la multiplication des revendications de représentativité, mais il importe de rappeler aussi que ces revendications doivent être à un moment honorées dans les faits[41].

Toutefois, « Nous sommes aussi le peuple » ne suppose pas qu'il faille seulement défendre une interprétation purement additive de l'inclusion, selon laquelle de nouveaux groupes sociaux se voient accorder, pour ainsi dire *de haut en bas*, cette inclusion-là. La lutte pour la reconnaissance[42] peut transformer du tout au tout l'interprétation d'une Constitution (que l'on pense, par exemple, à la différence entre la première et la seconde vague du féminisme : des droits existants furent dans un premier temps étendus aux femmes, et puis ce fut la compréhension des droits qui changea en elle-même)[43].

Dans l'idéal, une Constitution permet une chaîne sans fin de revendications, de *claims*, visant à l'inclusion ou à la transformation. Un « Nous, le peuple » originaire (bien que nous sachions que l'« origine » est toujours une fiction) ne disparaît pas dans la Constitution ou dans le processus politique quotidien : ce « Nous, le peuple » y demeure à l'état latent. Toutefois, il n'y demeure pas au sens d'un « macro-sujet » dont l'existence pourrait se constater empiriquement à l'extérieur des structures de la Constitution : il y demeure en tant que possibilité de poser toujours à nouveaux frais la question du « peuple » et de répondre à cette question. Pour citer Claude Lefort, « la démocratie inaugure l'expérience d'une société insaisissable, immaîtrisable, dans laquelle le peuple sera dit souverain, certes, mais où il ne cessera de faire question en son identité, où celle-ci demeurera latente[44]... ».

Le mot « peuple », les révolutionnaires français et américains le savaient déjà, est un mot dangereux. Adrien Duquesnoy recommandait en 1791, dans la revue *L'Ami des patriotes*, de réguler rigoureusement l'usage du mot « peuple » par les citoyens[45]. Plus tard, le président John Adams ne cacha pas la crainte que lui inspiraient les conséquences d'un usage incontrôlé de l'idée de peuple :

> « Il est dangereux de laisser libre cours à une source si féconde de controverses et de querelles. [...] Il n'y aura pas de fin à cela. De nouvelles revendications seront émises, à grands cris ; les femmes exigeront le droit de vote ; les jeunes gens ayant entre douze et vingt et un ans auront le sentiment que leurs droits sont insuffisamment considérés ; et les hommes qui n'ont pas un sou en poche voudront que leurs voix pèsent autant que les autres pour tout ce qui relève des affaires publiques. [...] Et une telle revendication en faveur de plus d'égalité en viendra à effacer ou dissoudre toutes les distinctions de rang et à tout ravaler à un même niveau[46]. »

Oui, l'idée de peuple — et même une idée de peuple bien plus inclusive — put aussi être endossée par ceux qui devaient en définitive être les perdants de la grande révolution politique de la modernité. Comme l'expliqua Bismarck au Reichstag en 1873 :

> « Nous faisons tous partie du peuple ; j'appartiens moi-même au peuple et je peux prétendre aux droits du peuple ; Sa Majesté l'empereur appartient elle aussi

au peuple ; nous sommes tous le peuple, et non pas seulement ces messieurs, qui représentent certaines vieilles prétentions, nommées libérales par tradition, et qui ne le sont pas toujours, libérales. Je ne tolère pas que l'on monopolise le nom de peuple et qu'on m'en exclue[47] ! »

L'historien Reinhart Koselleck souligna à ce sujet, avec laconisme : « Bismarck livra une critique de l'idéologie qu'il put tirer immédiatement de la notion de peuple total[48]. »

La démocratie permet ainsi de poser toujours à nouveaux frais la question du « peuple », ce qui ne signifie en rien que les luttes pour l'inclusion doivent toujours avoir une issue heureuse[49]. C'est loin d'être le cas. Mais la démocratie est au moins un système politique qui produit constamment un dissensus légitime, et dans le cadre duquel il est possible de dénoncer la réalisation insuffisante de ces idéaux en en appelant aux principes fondamentaux du système. Pour citer Sheldon Wolin, « la démocratie était et est le seul idéal politique qui condamne sa propre incapacité à réaliser égalité et inclusion ». Dans cette mesure, la démocratie moderne souffre en permanence, et par définition, d'une crise de représentation ; en effet, il existera toujours de bonnes raisons de contester les intérêts et les identités des citoyens dans la forme qu'ils adoptent à un instant *t*[50]. Mais, en ce sens, la démocratie peut au moins faire siennes ces lignes célèbres de *Cap au pire* de Samuel Beckett : « Jamais rien d'autre. D'essayé. De raté. N'importe. Essayer encore. Rater encore. Rater mieux[51]. »

En conséquence, ce sont précisément les populistes qui entendent répondre une fois pour toutes à la question du peuple, alors que cette question est ouverte et constitutive de la démocratie. Celle-ci est faite de toute une chaîne de revendications — pour plus d'inclusion et plus de participation —, et les populistes, en affirmant apporter une réponse définitive à cette question du peuple, en affirmant être les seuls à représenter le peuple véritable, viennent rompre cette chaîne[52]. Et pour la simple raison que cette idée de représentation est sur le plan symbolique à la fois chargée de signification et tout à fait spécifique, il peut être difficile de contester une telle prétention à la représentation.

Nous pouvons alors, à la lumière de ces réflexions, réinterpréter de la manière suivante les scènes qui se déroulèrent, en 1989, dans les rues de Leipzig et, en 2011, sur la place Tahrir, au Caire : dans ces deux circonstances historiques, le « Nous sommes le peuple » ne fut absolument pas une revendication populiste, mais bien une manière efficace de contester les prétentions, d'une certaine manière populistes, du parti unique au pouvoir : le SED en Allemagne de l'Est et le parti de Moubarak en Égypte (je dis « d'une certaine manière », car ni le SED allemand ni le dictateur égyptien ne considéraient le peuple comme la source de la morale ; ce qu'ils partageaient néanmoins avec les populistes, c'était la revendication d'un monopole de la représentation). Dans les régimes incontestablement autoritaires, « Nous sommes le peuple » est en conséquence une revendication démocratique et potentiellement révolutionnaire. Et dans les régimes populistes, toute tentative de remettre en question les prétentions populistes à un monopole de la représentation constitue un danger considérable pour le pouvoir en place. Que l'on pense, par exemple, à l'« homme debout » de la place Taksim à Istanbul (un geste politique qui allait ensuite être reproduit dans le monde entier, comme on peut s'en rendre compte sur Internet en tapant le mot-clé #duranadam). L'« homme debout » contourna l'interdiction de manifester : il choisit tout simplement de rester debout, immobile, seul, à un endroit de la place, sans dire quoi que ce soit (plus tard, de nombreux autres décidèrent d'agir de même, restant eux aussi immobiles à divers endroits de la place, des heures durant, sans exprimer verbalement la moindre revendication politique, bien que tournés très ostensiblement en direction de l'image d'Atatürk)[53]. Cette manière de protester visait entre autres à démonter les allégations d'Erdoğan, qui prétendait alors que les confrontations autour du parc Gezi étaient fomentées par des agents étrangers, que les ennemis du régime étaient tous des vagabonds, des escrocs ou des gens à la solde de puissances étrangères, etc. Contestant les prétentions d'Erdoğan à un monopole de la représentation, les manifestants entonnèrent notamment le slogan « Nous ne sommes pas un parti politique, nous sommes le peuple ». Et, afin de démontrer que de nombreux citoyens se retrouvaient dans cette opposition aux prétentions d'Erdoğan, les fans de plusieurs clubs de football concurrents — le Fenerbahçe, le Galatasaray et le Beşiktaş — décidèrent même, chose exceptionnelle, de fusionner[54]. Erdoğan misa, dans cette situation, sur une technique de domination populiste typique : son gouvernement tenta alors de discréditer Erdem Gündüz, le fameux « homme debout ». Celui-ci, lors d'un entretien donné à un journal allemand, raconta ceci :

> « Un journaliste proche du gouvernement qui, plus tard, fut nommé conseiller d'Erdoğan m'a accusé d'être un agent ou un membre de l'Otpor, le mouvement citoyen serbe, à l'origine de la chute de Milosevic. Et Egemen Bağiş, le ministre des Affaires européennes, a allégué sur Twitter que j'avais passé trois jours à l'ambassade d'Allemagne avant mon action. Alors que je n'y suis jamais allé de ma vie[55]. »

Il suffit donc de rester calmement immobile pour ébranler la prétention populiste à un monopole de la représentation et déclencher, dans les rangs des populistes, une pure et simple panique.

Pour résumer les pages qui précèdent : ce n'est pas seulement en tant qu'idéologie que le populisme montre une logique identifiable ; il existe aussi une praxis populiste type. L'idéologie et la praxis s'engrènent, se recoupent, et permettent aux populistes de justifier leurs actions dans un langage qui peut sembler démocratique et qui, surtout, revêt à leurs propres yeux une dimension morale indiscutable. Celui ou celle qui entend défier efficacement les populistes doit comprendre et prendre au sérieux cette dimension morale de la vision du monde populiste. Les démocrates libéraux s'illusionnent lorsqu'ils croient que l'argumentation rationnelle est ici efficace et qu'il suffirait également de montrer à quel point les populistes ont recours au clientélisme et à la corruption pour révéler automatiquement l'imposture morale et politique qu'ils représentent. Je considère pour ma part qu'une tout autre approche est nécessaire lorsqu'il s'agit de se confronter aux populistes. La troisième partie de cet essai et sa conclusion seront consacrées aux approches qui me paraissent condamnées à l'échec et à celle à laquelle j'en appelle.

Chapitre III

DE LA MANIÈRE DES DÉMOCRATES DE SE CONFRONTER AU POPULISME

« *It's not a crisis, I just don't love you anymore.* »

Un slogan des Indignados espagnols, juillet 2011

« *Un "nous" sans rapport avec la réalité. "Nous autres Allemands" : fiction d'une communauté entre manœuvres et professeurs, mercantis et idéalistes, écrivains et cinéastes, qui n'existe pas. Le véritable "nous" s'exprime par la formule : nous ne nous sommes mutuellement de rien. Nous sommes des capitalistes, des prolétaires, des intellectuels, des catholiques... beaucoup plus liés, en fait, à nos intérêts particuliers — au-delà de toute frontière — que les uns aux autres. Pour ce qui lui tient vraiment à cœur, le paysan allemand est plus proche du paysan français que du citadin allemand.* »

ROBERT MUSIL, « *La nation comme idéal et comme réalité*[1] »

« *Tout jadis. Jamais rien d'autre. D'essayé. De raté. N'importe.*
Essayer encore. Rater encore. Rater mieux. »

SAMUEL BECKETT, *Cap au pire*[2]

On gagne peu en connaissance (et en influence politique) à pathologiser le populisme : celui-ci n'est pas une « maladie » et n'est pas non plus une « pathologie normale » (Cas Mudde) de la politique européenne ; quant aux personnes qui votent pour les populistes, elles ne sont pas toutes des cas pour thérapeutes politiques, et moins encore de la « racaille » (une expression de Sigmar Gabriel). Nous confronter avec succès aux populistes impose de mieux comprendre les raisons de ce phénomène. Tout d'abord, il importe absolument de *respecter les règles démocratiques*, même si le populisme est tendanciellement antidémocratique, comme je l'ai montré dans les pages qui précèdent[3]. Il s'agit donc de décider s'il est sensé ou non de réagir aux populistes en recourant à une sorte de contre-populisme. En effet, la question de savoir si un nouveau populisme de gauche pourrait constituer une réponse à un populisme de droite qui ne cesse de s'affermir, particulièrement en Europe, est plus que jamais d'actualité. Il importe aussi de se pencher sur une idée encore partagée par beaucoup, voulant qu'une politique bien trop libérale, et avant tout bien trop néo-libérale, aurait besoin du populisme comme d'une sorte de correctif. Ces questions seront toutes abordées dans les pages qui suivent. Toutefois, il me semble nécessaire d'explorer dans un premier temps tout un ensemble d'arguments avancés dans les pages qui précèdent, peut-être de façon quelque peu nonchalante, des arguments qui sont d'une importance toute particulière dans le contexte actuel. Ces arguments ont à voir avec la question de la légitimité des différentes formes d'exclusion politique, mais ont aussi à voir avec le statut normatif du « pluralisme ».

UNE CRITIQUE DE LA CRITIQUE DU POPULISME

Ma démonstration s'est en effet appuyée jusqu'ici sur certains postulats que j'ai plus ou moins présentés comme allant de soi, alors qu'ils méritent tout de même d'être un peu plus problématisés. Les populistes, je l'ai dit, extraient le « vrai peuple » de la totalité empirique de la population (pour reprendre encore une fois à mon compte l'expression si judicieuse de Claude Lefort) et décrètent — au moins sur le plan symbolique — « Il vous faut rester à l'extérieur » ou « Vous n'y appartenez, à dire vrai, absolument pas ». On peut et on doit critiquer cela. Cette manière de procéder aboutit en effet toujours, avec les populistes de droite, à de nouvelles discriminations visant des minorités déjà vulnérables. Mais il importe surtout à ce stade de poser la question suivante : quels arguments normatifs concluants les démocrates peuvent-ils ici avancer s'ils ne veulent pas en rester au seul registre empirique, et se contenter d'affirmer que les gens exclus par les populistes ont parfaitement leur place dans le pays qui les a accueillis, au motif qu'ils sont désormais, tout simplement, des citoyens comme les autres (ou, dans une autre variante normative, au motif qu'ils se trouvent depuis déjà longtemps dans le pays, de façon parfaitement légale, et sont donc directement concernés par les décisions de son gouvernement démocratique) ? La question de savoir qui est un citoyen de l'État et qui ne l'est pas est en définitive liée à des hasards historiques (ou pour le dire de façon plus brutale, à la question de savoir quel camp a gagné, à quelle date, et lors de quelle guerre). L'énoncé « Mais il a des papiers » ne constitue pas, c'est certain, un argument normatif réellement opérant susceptible d'être opposé aux populistes. Il semble que nous ayons affaire, à ce stade, sur le plan normatif, à une sorte de monde à l'envers : en effet, les populistes établissent ici, lorsqu'il est question de l'appartenance nationale, une distinction symbolique *morale* (quel que soit le caractère problématique d'une telle distinction), alors que les démocrates libéraux se cantonnent au registre empirique, au registre factuel (et, au mieux, à la force normative du factuel)[4].

On devrait reconnaître franchement qu'il n'existe tout simplement pas aujourd'hui de théorie *démocratique*, à la fois rigoureuse et largement acceptée, qui permettrait de définir le peuple, le *démos* (et qui permettrait aussi de dire ce qu'est au juste la répartition territoriale des terres) : la décision démocratique portant sur le *demos* présuppose que l'on sache déjà qui en fait partie — alors même que cette question est précisément tout le problème et ne peut se voir apporter de réponse (de sorte que l'on a ici affaire, en définitive, à une sorte de serpent se mordant perpétuellement la queue). Certes, le nationalisme a proposé une réponse relativement claire (et qui, de fait, s'est largement diffusée dans le monde entier) à la question de savoir comment dessiner les frontières. Mais cette réponse n'est ensuite valable qu'à la condition d'avoir affaire à un nationalisme culturel au sens le plus large du terme : quand nous avons affaire à un nationalisme politico-civil (ou pour le dire de façon plus concise, à un patriotisme constitutionnel), la question se repose alors à nouveau entièrement.

La solution la plus plausible réside ici dans une sorte de *second-best* normatif, de second meilleur choix normatif, qui implique toutefois, lorsqu'on y regarde bien, un « plus de démocratie » au sens d'une participation plus effective de la part du citoyen : au lieu d'attendre que la théorie politique fournisse, pour ainsi dire d'en haut, des critères incontestables permettant de dire qui peut faire partie du peuple et qui ne le peut pas, nous ferions mieux de comprendre la démocratie comme un processus qui permet de négocier toujours à nouveaux frais les questions de l'appartenance au *demos* et donc de la définition du *demos*[5]. Ceux qui n'appartiennent pas officiellement au *demos* peuvent en effet proposer de nouveaux critères d'inclusion et d'exclusion (ou, encore, exiger d'être représentés). Mais ce sont bien évidemment, de facto, ceux qui en font déjà partie qui décideront d'éventuels changements. Dans cette mesure, il demeure toujours un résidu irréfragable de contingence historique et, pour ainsi dire, d'injustice historique, que les vivants ne peuvent que très rarement réparer, mais dont ils devraient garder souvenance au moment de prendre ce type de décisions[6].

Une fois de plus, je tiens à souligner que « processus » n'est pas nécessairement synonyme de « progrès ». En aucune façon un processus n'amènera automatiquement, et constamment, à plus d'inclusion chaque fois que les questions de l'appartenance seront négociées à nouveaux frais. Tel est, ma foi, le risque intrinsèque à tout processus démocratique. Mais celui qui veut, par principe, plus d'inclusion, contrairement aux populistes, qui polarisent le débat public et diabolisent leurs adversaires politiques, doit aussi prendre conscience d'un danger qui guette toujours l'anti-populisme : en effet, se focaliser avant tout sur les pulsions d'exclusion du populisme, c'est courir le risque de finir par dire : « Dans la mesure où vous passez votre temps à exclure, nous vous excluons aussi. » Quant à celui qui entend défendre le pluralisme politique — et qui est bien conscient qu'une mise à l'écart des populistes aurait pour résultat un affaiblissement de l'idée de pluralisme —, il se voit confronté au fait que les partis et mouvements populistes valorisent (du moins, tant qu'ils sont dans l'opposition) le pluralisme. De nombreux partis populistes choisissent même des noms synonymes d'une telle revendication pluraliste ou la signifiant ; que l'on pense seulement au nom *Alternative*, utilisé par beaucoup d'entre eux.

Défendre une position démocratique, pluraliste, contre les populistes, c'est en effet s'exposer à des contradictions potentielles ; pourtant, ces contradictions ne sont pas aussi fatales qu'il pourrait sembler à première vue. J'avancerai tout d'abord qu'il ne faut pas interdire les partis populistes — à deux exceptions près : lorsqu'ils poussent les gens à commettre des crimes et délits et lorsqu'ils en appellent à la violence (une attitude qui, de toute façon, relève du droit pénal). Certes, je l'ai dit à plusieurs reprises, les populistes s'avèrent tendanciellement anti-démocratiques et donc anti-pluralistes. Pour cette raison même, ils apparaissent inévitablement sur l'écran-radar de toute démocratie décidée à se défendre — et je pense particulièrement ici au principe d'autodéfense démocratique qui est propre à la République fédérale d'Allemagne[7]. Selon le Tribunal constitutionnel fédéral allemand, une demande d'interdiction d'un groupe mérite d'être étudiée lorsque le groupe en question adopte une attitude activement hostile, agressive, à l'encontre de l'ordre existant, dans l'objectif manifeste de se débarrasser de la démocratie. L'atteinte objective portée à la Loi fondamentale de la République fédérale[8] n'est pas ici l'élément décisif : l'anti-pluralisme est à vrai dire déjà suffisant en lui-même pour remettre en question les principes constitutionnels, le texte constitutionnel entendant par principe garantir le pluralisme. Et comme l'a montré — du moins, je l'espère — la deuxième partie de cet essai, les populistes, lorsqu'ils sont au pouvoir, et que les circonstances leur sont favorables, causent un réel préjudice à la démocratie. Néanmoins, on devrait utiliser avec grande prudence l'ensemble des instruments dont dispose la démocratie décidée à se défendre — ce que l'on a pu appeler, particulièrement en Allemagne, la « démocratie militante[9] ». La question est de savoir si l'on peut ou non amener les populistes à intégrer le cadre du débat démocratique afin que soit mis un terme à leurs revendications d'un monopole de la représentation, ou s'il est préférable d'abandonner entièrement un tel objectif. Tant que les populistes reconnaissent de facto le pluralisme et, par exemple, ne s'acharnent pas contre les minorités, la meilleure tactique consiste à mes yeux à rester imperturbable et à rechercher toujours le débat franc et direct.

Un certain scepticisme me paraît aussi de bon aloi lorsque d'autres partis ou acteurs de la société civile se mettent à ériger un cordon sanitaire autour des populistes en entonnant la devise « Avec eux, on ne discute pas ! ». Qui veut réduire au silence les populistes ne fait qu'entériner leur thèse selon laquelle les élites établies ne supporteraient pas la moindre critique et selon laquelle ils seraient les véritables représentants des valeurs libérales-démocratiques, comme la liberté d'opinion. J'ajouterai que les propos des populistes et le succès qu'ils rencontrent peuvent constituer des symptômes assez précieux, permettant de comprendre à quels défis de taille la société doit répondre (même si le terme « symptôme » peut ne pas être exempt d'un certain paternalisme, qui pourrait consister à ne pas prendre au mot les acteurs populistes, mais à les envisager comme des sortes de sondes sociales dont les données enregistrées ne sauraient être correctement interprétées que par les élites libérales…).

Tout cela ne veut pourtant pas dire — et ce point est d'une importance décisive — qu'il faille endosser un à un tous les problèmes tels qu'ils sont formalisés par les populistes[10]. Par exemple, on peut engager un débat sur l'immigration selon les modalités exigées par un Geert Wilders, ou ne pas le faire — la décision est du ressort des autres hommes politiques. Certes, ceux-ci, aux Pays-Bas, sont tenus de participer à ces débats — et cela est aussi bien du point de vue de la démocratie —, mais il s'agit pour eux de déterminer exactement jusqu'où ils se montrent prêts à suivre l'islamophobe Wilders (celui-ci, avec ses oukases hostiles à l'islam, donne sa direction à la politique intérieure des Pays-Bas, alors même qu'il n'a jamais occupé de fonction officielle au gouvernement, et seulement soutenu du bout des lèvres, de 2010 à 2012, le gouvernement du Premier ministre Mark Rutte, un homme de la droite libérale). La situation au Danemark est tout à fait similaire à celle des Pays-Bas : le Parti populaire danois, un parti populiste de droite, a soutenu sur le papier un gouvernement de droite modérée, mais, de facto, le débat sur l'immigration s'y est fortement « droitisé », le Premier ministre Anders Fogh Rasmussen s'étant toujours plus calqué à l'époque sur les déclarations d'intention du Parti populaire danois.

Je reviendrai plus tard sur les différentes manières très concrètes de se confronter aux populistes. Il importe à ce stade de souligner qu'une réponse politique pertinente ne peut — et ne devrait — être apportée que dans le cadre du débat, de la confrontation point par point avec les populistes : l'exclusion automatique ne saurait être ici la solution. Mais il importe aussi de rappeler que le pluralisme n'est pas une valeur comme la liberté ou l'égalité, sans lesquelles la démocratie n'est pas concevable. Le pluralisme est toujours pluralisme de quelque chose, par exemple, de valeurs ou d'intérêts économiques, ou encore de modes de vie[11]. Respecter le pluralisme, en démocratie, signifie donc, *sur le plan normatif*, prendre au sérieux la diversité des intérêts et des identités des citoyens considérés à titre individuel. Dans les sociétés modernes, le pluralisme est inévitable, mais sa reconnaissance se fonde sur des valeurs comme la liberté et l'égalité, et non sur l'idée que plus de diversité encore est automatiquement toujours mieux[12].

CRISE DE LA REPRÉSENTATION ? OU DES AVANTAGES ET INCONVÉNIENTS DE L'HISTOIRE POUR UN DIAGNOSTIC ACTUEL DE LA DÉMOCRATIE

Les causes du populisme sont fréquemment débattues. La science politique offre toute une série de postulats, et l'on part notamment du principe qu'il existe une sorte de demande constante de populisme ; dans ces conditions, la seule question décisive consiste à savoir si quelqu'un propose une offre susceptible de satisfaire cette demande. On dit, par exemple, qu'il y aurait toujours en Europe un réservoir d'électeurs potentiellement favorables au populisme de l'ordre de 10 à 15 % des voix. Si les partis nationalistes ou conservateurs modérés ne faisaient pas du multiculturalisme un enjeu politique, les populistes, dit-on aussi, ne disposeraient d'aucune niche politique. Pourtant, dès qu'ils cessent d'en faire un enjeu (comme, par exemple, la CDU à la fin des années 1980 ou, aujourd'hui, avec la politique d'accueil des migrants d'Angela Merkel), la concurrence populiste ne disparaît pas pour autant de la scène : elle occupe même immédiatement l'espace (dans l'ancienne République fédérale, pareille stratégie eut ensuite pour conséquence très concrète l'ascension des « républicains » et conduit de nos jours à la montée en puissance du mouvement Pegida ; ou, pour prendre l'exemple de la Suède, une telle stratégie a conduit à la marche victorieuse des « démocrates suédois » après que le parti conservateur se fut « centrisé » sur les questions d'immigration)[13].

D'autres observateurs discernent plutôt les causes du phénomène dans une « crise de la représentation politique » bien spécifique, que l'Europe connaîtrait surtout depuis les années 1970 : les grands partis de rassemblement, ces partis qui s'adressent à toutes les catégories de l'électorat et qui tentent d'élaborer des programmes-synthèses susceptibles de les convaincre toutes, seraient, dit-on, condamnés ; ainsi disparaîtrait une institution qui, en Europe de l'Ouest, au lendemain de la Seconde Guerre mondiale, avait beaucoup œuvré pour l'intégration de différents groupes sociaux. Si, en Allemagne, le Zentrum, le grand parti centriste de la République de Weimar, avait été celui des catholiques, la CDU est aussi bien le parti des protestants que des catholiques (et est aussi, après tout, le parti des athées, que l'on rebaptisa fort obligeamment partisans d'une « vision du monde humaniste »). Ces grands partis de rassemblement, que l'on appelle en Allemagne *Volksparteien*, littéralement « partis du peuple », n'étaient absolument pas — en dépit de leur nom, qui pouvait effectivement le laisser accroire — des partis populistes dans l'acception ici proposée : certes, leurs dirigeants voulaient toucher le plus grand nombre possible de couches de la société et de groupes d'électeurs, et trouver une forme de synthèse réconciliant leurs identités diverses et leurs différents intérêts, mais ils ne revendiquaient en aucun cas un monopole de la représentation aux accents moraux (du moins à partir du moment où la CDU cessa de tenter de stigmatiser les sociaux-démocrates en les présentant comme l'avant-garde d'une dictature communiste à venir). Les différences opposant ces grands partis de rassemblement étaient fortement soulignées, et même de façon quelque peu dramatisée. Mais il importe de toujours garder à l'esprit que des États caractérisés par de nombreux conflits d'intérêts internes et par de forts antagonismes idéologiques ne sauraient se contenter d'un seul grand parti de rassemblement. Un exemple extrême de cette logique était l'Autriche, où tous les acteurs politiques — parce que tout un chacun avait à l'esprit la guerre civile qui avait fait rage dans l'entre-deux-guerres — se montraient d'accord pour dire qu'il devait exister dans la vie publique du pays au moins deux grands partis de rassemblement légitimes, et que les noirs et les rouges devaient, d'une manière ou d'une autre, s'entendre entre eux.

Désormais, il s'avère que ces grands partis de rassemblement perdent toujours plus de voix — ce qui, en soi, bien entendu, n'est pas le signe d'une crise de la représentation. Bien au contraire, dans les démocraties libérales stables, une différenciation des systèmes partisans, où la plupart et, dans l'idéal, la totalité des partis se reconnaissent mutuellement légitimes et peuvent en partie aussi conclure des alliances, est synonyme de gain en pluralisme — et ce, parce que les intérêts et identités peuvent ainsi être représentés de façon plus différenciée. Dans cette mesure, l'ascension desdits « partis à programmes » n'est pas forcément un mal. Il ne faudrait pas trop, me semble-t-il, se lamenter de la disparition des *catch-all parties*, de ces partis attrape-tout balayant la totalité du spectre politique, ou de ces partis de masse bien décidés à rameuter le plus grand nombre possible d'adhérents, y compris pour ce qui est d'une vision du monde partagée[14]. Certes, les partis de masse étaient pour de nombreux citoyens un moyen d'entretenir un rapport vivant avec le système démocratique. Mais à quel prix ? Il est permis de trouver un peu trop généralisante, ou même problématique sur le plan normatif, la très banale thèse sociologique de l'« individualisation » croissante et de la marche victorieuse des « valeurs post-matérielles » ; mais peut-on pour autant souhaiter sérieusement en revenir aux années 1950, une époque où les partis politiques, le *pater familias* ou encore le curé se sentaient obligés de s'immiscer dans le quotidien de chacun et de lui dire comment voter ?

Bien évidemment, le diagnostic de la crise de la représentation ne se cantonne pas au constat du déclin des grands partis de rassemblement et des partis de masse. Peter Mair et de nombreux autres politistes ont attiré l'attention sur le fait que pratiquement *tous* les partis ont perdu beaucoup, voire énormément d'adhérents, et ont aussi pointé la volatilité toujours plus grande du comportement de l'électeur et le fait que certains groupes sociaux — avant tout les jeunes et les catégories les plus fragiles sur le plan socio-économique — boudent toujours plus les urnes[15]. Les classes inférieures, comme on le rappelle à intervalles réguliers, participent toujours moins à la politique, et leurs intérêts seraient, dit-on encore, toujours moins représentés : nous avons là un cercle vicieux. Les partis politiques, quant à eux, s'éloigneraient de la société à vue d'œil et deviendraient même des « partis-cartels » fusionnant de plus en plus avec l'appareil d'État.

La confiance dans les partis (mais d'autres institutions étatiques ou institutions tout court ne s'en tirent pas spectaculairement mieux) ne cesse pas de baisser, beaucoup de gens souhaitant dans l'idéal ne plus entendre parler des personnalités politiques. Ce désir de se débarrasser de la classe politique dans son ensemble s'exprime dans des slogans du type « *Que se vayan todos !* », « Tous pourris ! », ou encore, en Italie, à l'occasion du « jour V » (« V » pour « *vaffanculo* »), dont l'instigateur n'est autre que Beppe Grillo. Le *Guardian*, le quotidien de gauche britannique, a ainsi considéré que la « protestation » était un phénomène trop central aujourd'hui pour ne pas en faire une rubrique d'information à part entière[16].

Pour Peter Mair, les choses pourraient pourtant empirer plus encore, et rapidement : en effet, les signes indiquant que les partis mettent effectivement en œuvre leur programme une fois arrivés au gouvernement se feraient de plus en plus rares. Pour recourir à une distinction forgée par Mair, les partis seraient de plus en plus *responsible*, conscients de leurs responsabilités, mais ne seraient plus depuis longtemps *responsive*, à l'écoute de la société. Conscients de leurs responsabilités, ils s'adapteraient aux contraintes pesant sur la politique, mais ne seraient plus réellement attentifs aux préoccupations des électeurs. Une thèse découle fréquemment d'un tel constat : les partis se ressembleraient toujours plus, y compris pour ce qui est de leurs idéaux politiques, l'éthique de la responsabilité dictant déjà les grandes lignes de leurs programmes.

La montée en puissance des partis protestataires ne serait ensuite qu'une conséquence logique de cette situation. Bien sûr, tout parti protestataire — j'ai déjà attiré l'attention sur ce point — n'est pas automatiquement un parti populiste. Toutefois — et c'est un constat évident —, ce sont précisément les partis protestataires qui ne prennent plus au sérieux, ou même moquent, l'idée d'un système partisan pluraliste. Pour ne donner qu'un exemple, en Islande, le « Best Party », un parti satirique, qui put tout de même emporter un temps la mairie de Reykjavík, a laissé entendre qu'il tenait pour pure et simple absurdité la concurrence politique des idées et des intérêts. Cette vague de partis nouvellement fondés, dont les dirigeants promettent de diriger l'État comme une entreprise, témoigne d'une tendance générale anti-politique : que l'on pense, par exemple, en Autriche, au « Team Stronach » (du nom de l'homme d'affaires austro-canadien qui a créé ce parti et qui le dirige de façon à peu près aussi démocratique que Berlusconi dirigeait sa Forza Italia) ; ou, en République tchèque, à l'ANO (« Action des citoyens mécontents »), fondée en 2011 par l'entrepreneur Andrej Babiš (qui est le deuxième citoyen le plus fortuné de son pays et qui, dans le même temps, depuis 2014, est à la fois vice-président de la République tchèque et ministre des Finances du gouvernement en place).

Il est également possible de citer toute une série de mouvements et de figures revendiquant agir de préférence à l'extérieur des arènes et circuits politiques établis : les Indignados en Espagne, Beppe Grillo en Italie — avant qu'il ne se décide à participer à des élections législatives —, et bien sûr le mouvement Pegida en Allemagne. Tout cela ne signifie pas que ces divers phénomènes partagent beaucoup entre eux sur le plan normatif, ni qu'ils seraient problématiques au seul motif que ces mouvements s'envisageraient explicitement comme extra-parlementaires. Ils contribuent pourtant à renforcer l'impression que le temps de la politique représentative, telle que nous la connaissons depuis la seconde moitié du XXe siècle, approche de sa fin et que nous nous sommes peut-être engagés dans une voie conduisant à une politique post-représentative.

Que retenir de tels diagnostics ? Comme c'est le cas de nombreux concepts affublés d'un « post », l'idée de politique post-représentative est d'autant plus plausible que l'on connaît peu l'Histoire. En effet, comme l'a souligné le chercheur en sciences sociales Wolfgang Merkel, défendre plus ou moins consciemment l'idée selon laquelle il y aurait eu un âge d'or de la démocratie en Europe occidentale est parfaitement absurde sur le plan historique (sans parler bien sûr, ici, de l'Europe de l'Est)[17]. La thèse voulant que les citoyens aient autrefois participé bien plus activement à la vie publique, l'idée selon laquelle la politique, jadis, bénéficiait de marges de manœuvre bien plus importantes, le postulat voulant que les desiderata clairement identifiables des électeurs étaient dans le passé mis en œuvre sans délai par les partis, sitôt que ceux-ci arrivaient aux affaires, tout cela est extrêmement douteux. Et pourtant, on peut encore lire des phrases de ce type :

> « Que l'on jette un regard en arrière, sur les premières décennies de l'après-guerre, et l'on constatera de façon toujours plus évidente que cette période historique fut une exception — un âge d'or du point de vue non seulement de la paix et de la prospérité, mais aussi de la démocratie. Celle-ci, à cette époque,

> a adopté la forme d'une démocratie de masse dans le cadre de laquelle les principes normatifs de souveraineté, de participation et d'égalité ont été mis en valeur comme ils ne l'avaient jamais encore été[18]. »

Vraiment ? En vérité, les élites d'Europe occidentale qui, après 1945, instaurèrent les démocraties libérales, ne misèrent absolument en rien sur l'idée d'une participation citoyenne plus forte[19]. Bien au contraire, dans les pays où, avant la guerre, les fascistes étaient arrivés au pouvoir, ou dont les populations avaient soutenu l'occupant allemand au cours des hostilités, l'idéal de la souveraineté populaire était pour le moins envisagé avec grand scepticisme. Et il est permis de dire qu'on y craignait même les répercussions possibles d'une souveraineté *parlementaire*. En effet, ne fallait-il pas tirer des leçons de l'Histoire ? se demandaient beaucoup. En Allemagne, c'était le Reichstag, le Parlement, qui, pensa-t-on après coup, avait fait Hitler chancelier du Reich ; en France, c'était l'Assemblée nationale qui, en 1940, avait donné les pleins pouvoirs au maréchal Pétain… (Dire cela ne revient pas à affirmer que les « leçons » qui furent alors tirées de l'Histoire le furent correctement : je ne parle ici que de la perception entretenue par les contemporains de la situation qui était la leur ; le chancelier Konrad Adenauer, par exemple, confiait à cette époque à ses carnets personnels le sentiment de méfiance politique que lui inspirait son peuple)[20]. Avoir ce contexte historique à l'esprit aide à comprendre pourquoi des institutions dont les dirigeants n'étaient pas directement élus par les citoyens — le Tribunal constitutionnel fédéral, en Allemagne, étant à cet égard le meilleur exemple qui soit — se virent au lendemain de 1945 ouvrir littéralement un boulevard. Dans les fragiles démocraties de l'après-guerre, les cours suprêmes se virent en premier lieu confier la tâche de protéger les minorités des majorités tyranniques. En Allemagne et en Italie tout particulièrement, ces cours suprêmes devaient de surcroît empêcher que la démocratie puisse être évidée de l'intérieur par des partis anti-démocratiques qui parviendraient au pouvoir par voie légale. Bref, il importait alors d'instaurer une démocratie capable de se défendre, une « démocratie militante » ou, dans le cas italien, d'instaurer la *democrazia protetta*, la démocratie protégée[21]. On ne peut comprendre le cadre constitutionnel qui fut donné à la politique dans l'Europe de l'après-1945 si l'on oublie que les élites d'alors avaient développé une sensibilité fortement anti-totalitaire. On a ainsi pu parler, à très juste titre, d'une politique constitutionnelle dont l'impératif catégorique premier était « Jamais plus le totalitarisme ! »[22].

Contrairement à ce que veut le cliché opposant des États démocratiques souverains à des bureaucrates bruxellois affranchis de tout contrôle démocratique, l'intégration européenne ne s'est jamais située en contradiction avec cette vision-là de la démocratie. L'Europe fut plutôt une sorte d'avant-toit supranational de l'architecture européenne anti-totalitaire de l'après-guerre : elle s'est ainsi vouée — sous la forme de la Cour de justice de l'Union européenne sise au Luxembourg et de la Cour européenne des droits de l'homme sise à Strasbourg — à la protection des droits fondamentaux, restreignant ce faisant la marge de manœuvre qui avait été, en la matière, celle des peuples. Autrement dit, l'idéal de souveraineté populaire devait être bridé autant que possible.

On le sait, cette vision de la démocratie, relativement restrictive, s'est retrouvée sous forte pression dès la fin des années 1960 et tout au long des années 1970 : les activistes de 1968, mais surtout les nouveaux mouvements sociaux, n'entendaient pas seulement atteindre des objectifs bien précis ; ils voulaient aussi une autre politique, plus ouverte, moins étatiste. Dans cette mesure, ces mouvements purent être interprétés comme une réponse plausible à une « crise de la représentation » qui était alors profondément ressentie : si l'opposition extra-parlementaire était nécessaire, c'était parce que les partis se montraient à l'évidence tous d'accord sur les grandes orientations politiques à mener ; si les mouvements protestataires devaient rivaliser d'activisme, c'était parce que les grandes figures politiques, des figures patriarcales — et des hommes âgés, comme Kurt Georg Kiesinger et Charles de Gaulle —, refusaient d'admettre que leur temps était révolu et que leur rôle de protecteurs de fragiles démocraties relevait lui aussi du passé (de la même façon, les pères, dans la cellule familiale, n'étaient alors pas plus disposés à reconnaître que le *pater familias* ne représenterait plus comme auparavant les « intérêts de la famille »). Tous les rapports d'autorité et de représentation devaient ainsi être entièrement réajustés et revus de fond en comble.

D'une certaine manière, la configuration politique qui s'imposa en Europe occidentale à l'après-guerre s'attira donc rapidement, et constamment, le reproche — un reproche à première vue « populiste » — de laisser le peuple à l'écart, et même à bonne distance, de la prise de décision publique. L'historien doit reconnaître que cela est exact ; mais il importe de préciser que cette mise à l'écart du peuple fut non seulement très consciemment décidée, mais aussi pensée. Je l'ai dit, les élites considéraient le « peuple » avec grande méfiance et entretenaient un ethos anti-totalitaire et même, disons-le, anti-populiste. Lorsqu'on garde à l'esprit ces données historiques, on ne s'étonne plus qu'en Allemagne aucun référendum n'ait été organisé depuis à l'échelle fédérale. Et il ne faut pas plus s'étonner qu'en France, par exemple, Marine Le Pen se soit fixé pour objectif, si elle devait remporter les élections présidentielles de 2017, de restreindre les pouvoirs du Conseil constitutionnel.

De fait, nombre de populistes remuent volontiers le couteau dans la plaie. Viktor Orbán, par exemple, décrit les élites de l'après-guerre comme suit :

> « Elles n'avaient plus peur du communisme ou du, fascisme, mais avaient peur des masses, et tout particulièrement des masses politiquement actives. Parce que le fascisme était parvenu au pouvoir par des moyens démocratiques, l'élite actuellement au pouvoir en Europe occidentale pense que l'on devrait prendre le peuple avec des pincettes, au motif que les décisions du peuple peuvent être causes de grandes

> difficultés. Ces élites considèrent donc la démocratie comme importante, mais considèrent qu'elle est meilleure encore lorsque le pouvoir n'est pas exercé par le peuple[23]. »

Disant cela, Orbán néglige pourtant un fait tout à fait essentiel : c'est que la perception que se font d'elles-mêmes les sociétés européennes a considérablement changé. Les systèmes politiques en Europe se sont avérés tout à fait capables de s'adapter : de nouveaux partis, comme les partis écologistes, ont fait leur apparition ; des hiérarchies et cultures patriarcales, cultures de la déférence à l'endroit de l'autorité, se sont fondamentalement transformées ou ont tout simplement disparu (le sociologue Niklas Luhmann avait fait à ce propos la remarque suivante, montrant une nouvelle fois par là son art de la concision : « Et soudain on put marcher sur le gazon »).

Parler, au sujet de l'Europe, d'une crise de la représentation sans précédent est donc bien peu convaincant. Et notamment parce qu'un tel diagnostic est régulièrement posé au mépris de toute cohérence intellectuelle. Par exemple, il est tout bonnement absurde d'avoir, jusqu'en 2015 environ, considéré la Grèce comme un exemple révélateur de cette crise (ou encore comme un exemple révélateur de la post-démocratie) au motif que les résultats électoraux dans ce pays n'avaient que peu d'importance, le PASOK ou les conservateurs de Nea Dimokratia y tenant de toute façon les rênes du pouvoir, et d'avoir ensuite, après la victoire électorale de Syriza, continué de parler d'une crise de la représentation, au motif cette fois que cette formation de gauche serait soi-disant un parti populiste, anti-système...

Peut-on vivre ce diagnostic de crise et le malaise qui l'accompagne, dans le cadre, peut-être, d'une pure et simple « démocratie de façade » (pour reprendre un terme de Wolfgang Streeck[24]), et ensuite évacuer la chose sans autre forme de procès ? Nullement. Pourtant, le diagnostic doit reposer sur une analyse nuancée de la situation politique actuelle en Europe. La tentative d'intégrer l'impératif de discipline budgétaire dans une Constitution européenne semble à première vue se situer dans l'exact prolongement de ce principe fondamental de l'après-guerre que fut la « souveraineté du peuple encadrée ». La « règle d'or budgétaire » intégrée aux Constitutions de l'ensemble des pays de la zone euro, la surveillance des budgets nationaux par la Commission européenne, les « droits d'intervention » dont peut se prévaloir un commissaire européen aux Affaires économiques et financières — tout cela peut à coup sûr être l'objet de critiques légitimes, mais ne semble en rien représenter une véritable rupture avec la démocratie telle qu'elle fut pensée après-guerre, dans la mesure où celle-ci affiche depuis en permanence la discipline qu'elle s'impose à elle-même (car il s'agit pour elle, à dire vrai, d'un principe fondamental). En d'autres termes, au lieu d'affirmer, comme le fait par exemple Hans Magnus Enzensberger, que les mesures de sauvetage de l'euro bafouent la démocratie[25], on ferait mieux de sobrement reconnaître que les Européens vivent depuis longtemps déjà dans une démocratie restreinte sous une chape d'acier[26].

Tout changer pour que rien ne change ? Désormais, les choses ne se présentent pas aussi simplement... En effet, les restrictions de la souveraineté populaire jusqu'ici en vigueur, et que les citoyens considéraient légitimes, pouvaient être justifiées du fait même qu'elles servaient en définitive à protéger la démocratie. Il est plus difficile d'en dire de même du pacte fiscal[27], pour autant que l'on ne s'abandonne pas à la facilité consistant à prétendre que la réduction de l'endettement visait uniquement à assurer aux générations futures une capacité d'action démocratique. De surcroît, si le principe de séparation des pouvoirs et les droits fondamentaux en viennent eux aussi à être l'objet de controverses politiques, ils peuvent néanmoins être légitimés démocratiquement de façon bien plus aisée que, par exemple, des directives décrétant que l'endettement public d'un pays ne saurait excéder 60 % de son produit intérieur brut. Nous avons, avec une telle directive, un impératif totalement arbitraire, extrêmement controversé et, comme cela put être souligné, sans équivalent dans l'Histoire, qu'il est en outre permis de présenter comme une sorte de préparation médicamenteuse contre la récession économique qui n'aurait été élaborée que par des médecins allemands à destination de patients allemands. Désormais, les pays membres de la zone euro sont ainsi fermement invités à miser sur une « dévaluation interne », sur une politique économique orientée vers l'offre et sur des excédents à l'exportation — un changement d'orientation politique aux conséquences plus que considérables, et qui, au cours de la crise de l'euro, fut adopté à contrecœur par ces pays sous la pression des créanciers. Est-il nécessaire de préciser que l'on peut toujours, par ailleurs, jouer avec les règles, d'une manière ou d'une autre, aidés en cela par des artistes des chiffres grassement rémunérés ?

Mais au lieu d'en conclure que les Européens se sont de toute façon habitués depuis fort longtemps à une démocratie restreinte et à une « surveillance » supranationale, et d'en inférer qu'ils devraient même restreindre un peu plus encore cette démocratie, il serait bien préférable de se souvenir de certaines idées ayant eu cours en 1968 : les marchés sont aussi des institutions qui produisent du pouvoir, un pouvoir que l'on ne peut tout simplement pas abroger par décret, mais qui doit toujours être à nouveau régulé. Le malaise actuel trouve son origine dans des expériences très concrètes, les citoyens ayant le sentiment très net de perdre le contrôle de leurs propres destinées, d'être livrés à des logiques immaîtrisables, des sentiments qu'il n'est pas absurde de comparer à ceux de la génération 1968 ; ses membres considéraient, notamment, être l'objet de vexations au sein d'une cellule familiale patriarcale ou, pour ce qui était des étudiants, être aux prises avec un système universitaire proprement féodal. Cet aspect-là relie le diagnostic actuel d'une crise de la démocratie aux expériences des générations précédentes. Il ne s'agit pas aujourd'hui de remanier radicalement les institutions politiques, mais de placer sous contrôle un pouvoir illégitime. Et cela ne sera guère possible sans une pression venant « d'en bas ». Mais comment une telle pression pourrait-elle être exercée, et sous quelle forme ? Un populisme légitime, un populisme de gauche, a-t-il encore ici un rôle à jouer ?

UN « MOMENT POPULISTE » POUR L'EUROPE ?

Une fois de plus, il est important d'opérer une distinction entre la logique interne du populisme et des contenus politiques bien précis, souvent présentés comme « populistes » : tant que la xénophobie, le scepticisme vis-à-vis de la politique étrangère des États-Unis, les critiques portées à la zone euro ou encore au capitalisme financier, etc., seront tous présentés, un peu facilement, comme des manifestations de populisme, il sera impossible de faire ressortir ce qui fait tout le spécifique de la situation actuelle de l'Europe[28].

D'une part, il se constate un conflit d'intérêts tout à fait inédit, mais à coup sûr gravement envenimé, entre ceux qui misent sur plus d'ouverture internationale et les partisans d'un maintien, voire d'une fermeture des frontières. Le politiste Hanspeter Kriesi a en effet parlé d'une nouvelle ligne de tensions (dans le jargon de la discipline, d'un *cleavage*, d'un clivage) opposant les avocats de l'« intégration » aux défenseurs de la « démarcation »[29]. Dans un tel conflit, il peut être en premier lieu question d'intérêts économiques, mais ce conflit peut aussi adopter la forme d'une querelle autour de valeurs. Et l'opposition entre ouverture et clôture est, logiquement, plus fortement prononcée là où l'intégration s'est déroulée dans le cadre de structures globales (et je fais ici avant tout référence au marché mondial). Que l'on pense, par exemple, aux Pays-Bas, ou encore à l'Autriche, des pays extrêmement « globalisés », où ceux qui ne profitent pas de l'ouverture se sentent particulièrement désavantagés (et où, en conséquence, l'« euroscepticisme » s'avère fortement prononcé)[30].

Pour ce qui est des intérêts et des identités, les deux camps peuvent ici avancer des raisons légitimes. Toutefois, la question qui importe est celle des modalités mêmes du déroulement de ce conflit. On peut avancer de façon civilisée des arguments objectifs, concrets, et reconnaître le bien-fondé de certains points de vue opposés[31]. Ou, pour citer encore une fois Claude Lefort, la démocratie se fonde sur « la légitimité d'un débat sur le légitime et l'illégitime », un débat qui, précise-t-il, est « nécessairement sans garant ni terme[32] ».

Concrètement, cela signifie qu'il faudrait éviter de se comporter en « cosmopolite » imbu de sa prétendue supériorité morale, persuadé que le camp adverse n'avance absolument aucun argument défendable, ou que toutes les questions de justice et d'équité se résolvent d'elles-mêmes. La conception voulant qu'une intégration européenne renforcée soit forcément supérieure sur le plan moral, de façon pour ainsi dire automatique — ses défenseurs, bien souvent, supposant tout simplement, sans avancer la moindre preuve empirique, qu'une intégration renforcée bénéficie toujours à tous —, est plutôt très contestable (de surcroît, les tenants de cette conception ne se demandent absolument jamais ce qui est advenu au juste de toutes les promesses jusqu'ici formulées par la Commission européenne : promesse d'une croissance économique renforcée grâce au marché commun, promesse de voir l'Europe s'imposer comme la partie du monde la plus innovante et compétitive, conformément à l'« agenda de Lisbonne », qui fut pourtant enterré ensuite sans tambour ni trompette, etc., sans parler, bien sûr, du fait que personne ne saurait dire si une Union européenne plus démocratique serait véritablement une Union plus sociale-démocrate — cela aussi est toujours passé sous silence)[33].

Éviter de se comporter ainsi a ses avantages. On prive de la sorte les partisans de la « clôture » d'un certain nombre d'arguments. Ils ne peuvent dissimuler qu'ils ne sont pas en mesure d'organiser à court terme une majorité pour une politique exigeant sans cesse de nouveaux remparts. En d'autres termes, même eux ne peuvent ensuite moraliser le conflit (selon le mantra « Les cosmopolites et partisans de l'intégration trahissent la nation ») ni prétendre que les élites à la sensibilité transnationale n'appartiendraient en rien « à notre peuple » (ou auraient encore « dérobé » le pays au peuple). Mais une telle désescalade est à coup sûr plus simple dès lors qu'on envisage en premier lieu la confrontation autour de l'ouverture et de la clôture comme un conflit d'intérêts, au lieu de l'envisager comme un enjeu culturel revêtant toujours de nouvelles dimensions, comme on le fait le plus souvent — ce qui ne signifie pas pour autant que les « cosmopolites » en sortiraient ensuite automatiquement vainqueurs.

À moins qu'une telle objectivation du conflit ne soit qu'un vœu pieux ? En effet, n'est-il pas ici en premier lieu question de l'identité qui, contrairement aux intérêts économiques, n'est pas négociable ? N'aurions-nous donc pas affaire à un *Kulturkampf*, un combat culturel (comme le pense Hanspeter Kriesi) ? Les questions d'identité (et les conflits de valeurs) n'occupent-elles pas en effet le devant de la scène dès lors que des conflits éclatent autour de l'ouverture des frontières ou de directives politiques relatives aux migrants ? La désescalade est-elle encore possible quand certains n'hésitent plus à prétendre en public qu'un peuple entier commettrait un « suicide collectif » en accordant le droit d'asile aux migrants[34] ?

Non, le défaitisme serait ici prématuré. À coup sûr, il est à première vue étrange de voir des politiciens discuter de « quotas » humains, d'hommes à répartir dans l'Union européenne, comme ils ne le feraient pas au sujet de la deuxième décimale de telle ou telle subvention agricole. Je dirai que, par principe, des jugements politiques raisonnables et reconnaissant l'idée de pluralité peuvent être émis aussi sur ces questions. En revanche, il n'est pas tolérable que des migrants puissent être présentés, de façon méprisante, comme des « corps étrangers » dans le « corps du peuple » ; et il n'est pas plus tolérable que l'on attise la haine à leur encontre — comme le fait le soi-disant « chrétien-national » Viktor Orbán, lorsqu'il fait apposer dans les rues de Hongrie des affiches sur lesquelles les migrants sont de facto représentés comme des parasites peu désireux de s'assimiler.

Celui qui envisage ce conflit autour de l'ouverture et de la clôture en adoptant la posture du — pour le dire vite — « cosmopolite » imbu de sa supériorité morale, et qui exclut d'emblée ses adversaires au motif qu'une intégration supranationale renforcée est forcément synonyme de progrès, tout simplement meilleure sur le plan moral, celui-là contribue à l'escalade et nuit aussi potentiellement à la démocratie (et ne peut que s'attirer à un moment ou à un autre le commentaire suivant, librement inspiré de Brecht : à ce stade, ne serait-il pas plus simple pour ce « cosmopolite » de se choisir un autre peuple ?). En effet, l'autre camp — qui n'est pas automatiquement le camp populiste — refusera ensuite aussi probablement de reconnaître le conflit en question comme étant fondamentalement légitime.

Bien évidemment, personne ne peut garantir que de tels débats déboucheront toujours sur un consensus ; cependant, l'idée que se fait d'elle-même une société démocratique n'est de toute façon jamais exempte de conflits. Mais un pluralisme civilisé est tout autre chose qu'un conflit opposant des démocrates et des populistes qui s'obstinent à revendiquer leur soi-disant monopole de la représentation, considérant en outre devoir défendre un peuple homogène, unique — et vraisemblablement aussi unicolore — contre diverses conspirations et autres traîtres à la nation.

Que signifie maintenant tout cela concrètement ? La politisation croissante de l'intégration européenne est un trait majeur de la situation actuelle en Europe, qui est naturellement partie prenante du conflit entre intégration et démarcation. Jusqu'au début des années 1990, ce que l'on appelait encore la Communauté européenne n'était pas particulièrement l'objet d'âpres controverses ; les chercheurs en sciences sociales ont rétrospectivement parlé au sujet de cette période d'un « consensus permissif », que l'on pourrait définir de façon très concise comme suit : les citoyens considéraient alors, par principe, tout à fait normal que l'intégration suive son cours et laissaient les politiques agir à leur guise.

Depuis les référendums sur le traité de Maastricht, mais surtout depuis que le traité constitutionnel de 2005 a été rejeté par référendum en France et aux Pays-Bas, cela n'est plus le cas. Et la crise de l'euro a ensuite permis aux derniers Européens de comprendre également que la dépendance mutuelle entre pays membres était bien réelle (du moins dans la zone euro) : ce qui se déroule en Grèce a des répercussions en Allemagne, et inversement. Et de fait, les décisions prises dans la soi-disant « lointaine » Bruxelles peuvent avoir des conséquences directes sur le quotidien de l'ensemble des citoyens de l'Union (que l'on pense seulement aux jeunes chômeurs vivant au sud de l'Europe).

Les solutions à la crise de l'euro élaborées à

Bruxelles y sont constamment présentées comme les seules possibles et imaginables, et une telle méthode ne peut que s'avérer fatale. Les observateurs ont pu parler à ce sujet de « *policy without politics* », de mesures technocratiques non précédées de débats sur le fond, auxquelles les populistes répondraient désormais au moyen d'une politique identitaire dépourvue de toute idée politique (comme a pu l'affirmer, par exemple, la politiste Vivien Schmidt). Cependant, l'opposition entre — pour le dire très vite — la technocratie et le populisme est bien moins tranchée que ce que l'on pourrait penser à première vue[35]. En définitive, les technocrates suggèrent qu'il n'existerait qu'*une seule policy* raisonnable, qu'une seule orientation économique raisonnable, tandis que les populistes prétendent qu'il n'existerait qu'*une seule* volonté authentique du peuple. Pour le dire autrement, la technocratie comme le populisme sont, de par leur logique intrinsèque, anti-pluralistes. La technocratie comme le populisme n'ont aucun besoin de débats et pas plus besoin d'un Parlement, institution où sont débattues différentes options et où sont prises des décisions peut-être inattendues. En effet, aux yeux des technocrates comme aux yeux des populistes, la bonne décision a de toute façon toujours été déjà prise. Deux extrêmes se rencontrent donc ici, en l'occurrence, dans une posture anti-politique communément partagée.

Jusqu'à présent, il a toujours été considéré que la moralisation et la personnalisation à outrance des conflits étaient avant tout l'apanage du camp populiste. Pourtant, il semble que le populisme et la technocratie aient, au cours des dernières années, échangé certains de leurs attributs. Les défenseurs de l'austérité donnent désormais des leçons de morale aux Européens du Sud, qui seraient « eux-mêmes responsables » de leurs déboires et qui devraient subir les conséquences de leurs fautes passées. Inversement sont entre-temps apparus suffisamment de populistes qui, certes, revendiquent un monopole de la représentation, mais qui interprètent toutefois d'une façon très particulière ce qu'ils considèrent être les véritables intérêts du peuple, avançant notamment que l'État devrait être dirigé comme une entreprise et selon de stricts paramètres économiques. Il y a des années de cela, Berlusconi parlait déjà de l'« Azienda Italia », de l'« entreprise Italie » ; quant à Haider, il envisageait aussi l'Autriche comme une grande entreprise devant être dirigée d'une main de fer, une conception des choses partagée aujourd'hui en Suisse par Blocher[36] ; en Autriche encore, Frank Stronach envisage quant à lui tout gouvernement comme un « team de management » ; enfin, en République tchèque, Andrej Babiš considère peu ou prou les citoyens comme des actionnaires de l'État (dont la valeur actionnariale doit en conséquence être maximisée).

Cela dit, même les membres du camp favorable à une poursuite de l'intégration qui se montrent bien conscients des écueils technocratiques peuvent eux aussi tomber dans une logique de l'absence d'alternative. Comme pourrait, paraît-il, le comprendre n'importe quelle « femme au foyer gauloise ou souabe », celui qui désirerait en revenir au deutsche mark ou au franc s'enrôlerait de facto dans un commando-suicide (plus d'un rangeront cet énoncé de Claus Leggewie dans la catégorie des déclarations populistes)[37]. Des chercheurs en sciences sociales qui se sont intéressés de très près à l'union monétaire n'en sont pas si sûrs. Tout ce que l'on peut dire avec certitude, c'est que les risques impliqués par un tel retour en arrière seraient énormes. Et que l'on peut, dans le même temps, tout à fait se demander si mettre un terme à l'euro et plonger dans l'effroi est préférable à un effroi sans fin (et je pense bien sûr ici à l'effroi d'une austérité sans fin)[38]. Par ailleurs, on répète à l'envi le mantra voulant qu'un échec de l'euro (ou de Schengen) signifierait un échec de l'Europe entière, au moins sur le plan symbolique[39]. Mais cela aussi n'est absolument pas certain. Le fait que de nombreux partisans de l'intégration européenne ne soient tout simplement pas disposés à ne serait-ce que débattre d'alternatives politiques montre à quel point ils ont réellement peu confiance en ce projet : une mesure politique malheureuse, et voilà que tout serait déjà fini… Du moins cela semble être l'horizon d'attente d'une élite inquiète, sinon tout à fait traumatisée. Tout cela entre en contradiction, et de façon spectaculaire, avec la perception que se font d'elles-mêmes les démocraties, qui commettent constamment des erreurs, mais qui vantent justement leur capacité d'autocorrection en la présentant comme leur point fort par rapport aux systèmes autoritaires. Qu'il existe ou non un peuple européen susceptible d'indiquer fermement et systématiquement la direction politique à emprunter, le fait que toute critique adressée au processus d'unification tel qu'il est réellement mené soit écartée au motif qu'elle constituerait une ingérence indésirable du *vulgus* (concept, rappelons-le, au moyen duquel Hegel définit la masse inorganisée, inculte, tout simplement déraisonnable, du *populus*) montre à quel point les élites pro-européennes ont désormais peu confiance en leur projet.

UN POPULISME DE GAUCHE ?

Un nouveau populisme de gauche est-il, dans cette configuration, la bonne réponse ? La politiste belge Chantal Mouffe soutient que c'est avant tout le consensus néo-libéral qui a engendré le populisme[40]. Au lieu d'accepter que la politique est toujours synonyme de conflit, on aurait suggéré aux citoyens qu'il n'existait à proprement parler qu'*une policy* raisonnable, qu'une seule orientation économique raisonnable, ou qu'*une seule* position clairement consensuelle, à laquelle ils n'auraient plus, en tant que citoyens, qu'à donner leur bénédiction. Les défenseurs de la « troisième voie » (qui, aujourd'hui, sont déjà tombés dans l'oubli), et donc les partis sociaux-démocrates, seraient responsables de cette évolution, au motif qu'ils auraient en définitive capitulé devant l'hégémonie néo-libérale ; mais seraient aussi responsables de cette évolution des philosophes comme John Rawls ou Jürgen Habermas, qui, aux yeux de Chantal Mouffe, auraient envisagé la politique comme une machine à produire du consensus et l'auraient ainsi fondamentalement mécomprise. Choisir dans les urnes entre un parti du centre droit et un parti du centre gauche se réduirait, avance Mouffe de façon quelque peu désinvolte, à choisir entre un Coca-Cola et un Pepsi. Et c'est cette situation « post-politique » qui aurait, pour finir, produit le populisme de droite, dont les représentants ne cessent de faire campagne contre les migrants, tentant en parallèle de construire l'« unité du peuple » à travers leur exclusion[41]. Pourtant, à l'évidence, les théoriciens critiques seraient, jadis, probablement allés bien plus loin qu'une Chantal Mouffe ; ils auraient tenté de dévoiler la vérité du populisme de droite en montrant qu'il constitue un élément stabilisateur du système (faute de montrer cela, la question de savoir pourquoi la convergence des partis engendre toujours avant tout un populisme de droite ne peut que rester sans réponse — sauf à avancer que les gens de la droite dure sont tout simplement de meilleurs entrepreneurs politiques). Au milieu des années 1980, Helmut Dubiel put écrire ceci :

> « La procédure qui est propre à la mobilisation autoritaire-populiste consiste en un renversement entier du procédé psychanalytique de l'aide à l'élucidation de soi. Les peurs collectives, les incertitudes et difficultés à s'orienter ainsi que les penchants régressifs sont systématiquement instrumentalisés et aiguisés. La condition de la perpétuation du pouvoir est que le patient perde toute idée de responsabilité[42]. »

Les post-marxistes d'aujourd'hui n'osent manifestement pas faire leurs et approfondir une telle argumentation montrant que le système génère le ressentiment qui contribue activement à sa propre stabilisation.

Au lieu de cela, il s'agirait de suivre l'exemple des populistes de droite, en adoptant toutefois les signes normatifs qui conviennent. On devrait, écrit Chantal Mouffe, rejeter un populisme qui exclut et qui, de facto, est raciste, et pourtant, dans le même temps, apprécier à sa juste valeur « la dimension populiste de la démocratie, qui exige de dessiner le portrait d'un peuple ». Mouffe considère pour cette raison même que la tâche qui importe aujourd'hui consiste à concevoir un populisme de gauche. Conformément à la théorie d'Ernesto Laclau, concevoir un populisme de gauche signifierait avant tout combiner toute une série de revendications citoyennes ne pouvant être mises en œuvre avec succès par la politique officielle, et ce, afin de former ce que Laclau appelle une « chaîne d'équivalence » ; dans un second temps, il s'agirait de transformer celle-ci en une exigence centrale, lourde de signification. Nous aurions là une revendication que l'État ne saurait satisfaire avec des moyens administratifs, et, pour cette raison même, une *demand*, une exigence, qui ferait s'enflammer un véritable conflit. Il importerait donc de délimiter le champ de bataille au moyen d'emblèmes symboliques visibles et compréhensibles par tous ; quant à la configuration du champ de bataille, elle devrait être aussi claire que possible. La tâche de la gauche, avance Chantal Mouffe, devrait consister à mettre en évidence un antagonisme fondamental à l'œuvre dans la société, non pas un antagonisme opposant le peuple et les migrants, mais l'antagonisme véritable existant entre le peuple et ce que Mouffe appelle de façon assez vague « les forces politiques et économiques du néo-libéralisme ». Tout cela évoque quelque peu la « Wrong Address Theory » du grand chercheur en sciences sociales Ernest Gellner. Lorsque le manuel de libération fut envoyé aux classes sociales, nous dit cette théorie, une erreur catastrophique fut commise par la poste, moyennant quoi le manuel atterrit dans les boîtes aux lettres des nations... Il suffirait donc de retrouver les bonnes adresses des vrais destinataires et de réaliser ensuite correctement la livraison. En d'autres termes, le populisme est bêtement arrivé à droite, alors même qu'il était destiné à la gauche.

Cette position mérite de s'y confronter avec nuances, et pas seulement parce que le mouvement Podemos, par exemple, a choisi les deux théoriciens que sont Laclau et Mouffe comme idéologues officiels. Comme cela est — du moins je l'espère — devenu entre-temps évident, je suis absolument d'accord pour dire que le populisme ne saurait être mis en rapport avec des contenus politiques spécifiques et ne saurait être défini par eux (Laclau, pour ce qui le concerne, a constamment alerté ses lecteurs contre une analyse du populisme purement « ontique »). Le populisme a une logique interne, structurelle (ou, pour reprendre les termes de Laclau, une « logique d'articulation » spécifique). Pourtant, Laclau met ensuite en exacte corrélation son interprétation ontologique du populisme avec le politique en soi — en effet, la « politique », nous dit-il, ne signifie rien d'autre que la « construction d'une figure de laissé-pour-compte en tant qu'acteur politique » mettant en question l'ordre institutionnel existant (ou, pour le dire au figuré, mordant l'establishment au mollet)[43]. Cette offensive contre l'ordre existant serait — pour le dire vite, mais néanmoins justement — partie intégrante de la lutte pour l'hégémonie[44]. Qui gagne le combat pour l'hégémonie, nous disent Laclau et Mouffe, peut transformer une culture politique en un tout cohérent ; ce qui est de l'ordre du dicible et ce qui est de l'ordre du faisable peuvent fondamentalement évoluer ; l'« expérience quotidienne » des hommes, comme le croyait déjà en son temps Antonio Gramsci, peut changer fondamentalement. Le populisme devient ainsi, du fait de prétendues « racailles », l'opération politique par excellence, c'est-à-dire la construction d'un « nous » qui, chez Laclau et Mouffe, reste toutefois toujours contestable, contrairement au « nous » revendiqué par les populistes tels qu'ils sont définis dans ces pages.

Mouffe et Laclau tentent donc de nettoyer l'idée de populisme de ses connotations négatives, qui l'accompagnent désormais partout en Europe, pratiquement sans exception. Comme je l'ai expliqué dans le premier chapitre, cette notion de populisme a connu une tout autre histoire aux États-Unis et en Amérique du Sud, où la problématique sémantique qui lui est attachée est en conséquence, là encore, très différente. D'ailleurs, Laclau, sa vie durant, n'est pas seulement resté un socialiste : il a aussi toujours été un péroniste (et a, du reste, à leur demande, conseillé régulièrement les Kirchner, le couple de populistes argentins)[45].

La question tout à fait fondamentale est donc de savoir si la théorie de Laclau et de Mouffe, là où elle se rapporte à la pratique politique, consiste bien en une interprétation autre de la démocratie telle que la défend Claude Lefort (et telle que la défendent ces pages) — ou si elle n'est pas, à vrai dire, tout simplement non démocratique. En effet, ne met-on pas ici en pratique la méthode du « *pars pro toto* », ne prend-on pas ici la partie pour le tout et ne cherche-t-on pas à pousser les autres acteurs politiques hors de la scène démocratique commune (pour citer de nouveau l'expression de Lefort)[46] ? La démocratie est, par définition, toujours pluraliste et conflictuelle, et il est proprement absurde de prétendre que Rawls et Habermas auraient, avec leurs théories normatives respectives, changé quelque chose à cette réalité (il en va tout autrement de l'hypothèse empirique voulant que la convergence idéologique des grands partis créerait de l'espace pour les marges politiques — cela est vraisemblablement toujours le cas). Dans le même temps, les conflits sont, en démocratie, constamment encadrés institutionnellement (Laclau parle d'un « antagonisme administré ») ; en démocratie, les adversaires se considèrent mutuellement comme pleinement légitimes, au lieu de se faire la guerre en se traitant comme des ennemis, qu'il importerait peut-être même d'éliminer. Pareille vision des choses est très exactement celle des populistes, tels qu'ils sont envisagés dans ces pages — et non tels qu'ils sont compris par Laclau. Le fait que Mouffe elle-même désigne de façon très abstraite les adversaires du peuple — d'un peuple construit à partir d'une perspective de gauche — comme les « forces » anonymes du « néo-libéralisme » (comme s'il s'agissait de forces physicalistes) laisse penser que les théoriciens du populisme de gauche entendent consciemment éviter de personnaliser les « ennemis du peuple ». Mais en quoi consiste alors la « construction » d'un peuple ? Qu'un peuple lutte contre des « forces » abstraites, que cela signifie-t-il au juste ? S'agirait-il simplement, en recourant au mot-clé « populisme », d'instiller une certaine tension dans la vie publique ? Ou s'agirait-il de faire en sorte que les passions politiques des citoyens, qui ne peuvent se déchaîner sans réserve face au consensus néo-libéral, soient dirigées de préférence vers la gauche plutôt que vers la droite[47] ? À moins que nous ayons en définitive affaire ici, de nouveau, à une tentation déjà identifiée par Dubiel, qui la repérait chez les penseurs de gauche flirtant avec le populisme : en l'occurrence, la tendance à « conserver une attitude instrumentalisante à l'égard des potentiels de conscience non éclairés et à les mettre au service des "causes justes". Mais un journal à scandales "émancipatoire" s'évertuant à propager les Lumières ne serait-il pas une contradiction en soi[48] ? ».

Les apports d'une gauche qui ne formulerait pas seulement une critique du néo-libéralisme (pour le dire très vite), mais qui s'attacherait — comme Mouffe l'appelle de ses vœux — à « concevoir un peuple » tout en proposant un programme économico-politique alternatif, ne frappent pas par leur évidence. Ne suffirait-il pas qu'une social-démocratie revivifiée élabore un programme inédit et convaincant visant à plus d'égalité et faisant de ce « plus d'égalité » son principal slogan officiel ? À moins que l'on espère, à travers l'idée de « peuple », des effets supplémentaires en termes de mobilisation ou même d'émotionnalisation ? Wolfgang Streeck emprunte-t-il de façon malheureuse aux nationalistes lorsqu'il fait se confronter dans l'Europe actuelle des « peuples étatiques » à des « gens de marché »[49] ? La politique est synonyme de conflit — mais que gagne-t-on au juste à recourir à ce type d'expressions qui, sans verser dans le nationalisme identitaire, n'en flirtent pas moins avec une certaine rhétorique chauvine ?

UNE EUROPE DÉMOCRATIQUE ET NON POPULISTE

Une Europe dans laquelle des populistes de droite et des populistes de gauche se feraient face, armés de leurs conceptions du « peuple » respectives, tout en s'accordant mutuellement quant à la question de la légitimité politique, est une vision d'horreur. Ce dont nous avons absolument besoin en lieu et place, c'est d'une confrontation sobre — et même dépourvue de tout accent moral — portant sur les grandes orientations politiques, les décisions politiques fondamentales, telles que le choix à effectuer entre la poursuite d'une politique d'intégration et son abandon.

À cet égard, le fait qu'aux élections européennes de 2014 des têtes de liste soient pour la première fois venues défendre des programmes bien précis, conférant ce faisant à la campagne électorale une certaine densité en matière de débat, a constitué un petit pas en avant, non négligeable. Avec le recul, tout cela apparaît néanmoins comme une manière de farce dans la mesure où les candidats, qui étaient censés être différents les uns des autres, se regroupèrent immédiatement après les élections afin de former une grande coalition pro-européenne destinée à contrer les présumés populistes (tous, tant s'en faut, ne l'étaient pas), qui venaient justement, à cette occasion, d'entrer en force au Parlement européen. De surcroît, la Commission a jusqu'à présent manqué des compétences et des instruments qui auraient été nécessaires à la mise en forme véritable d'une politique économique et financière européenne. Différents programmes se sont donc fait concurrence, personne n'ayant véritablement pu ou voulu mettre en pratique et faire aboutir sa vision des choses. Et il est permis de penser que cette situation doit dans une certaine mesure à l'Allemagne et à ses crispations idéologiques.

De toute façon, une politisation par le haut visant à conférer plus de légitimité à l'Union européenne pourrait bien apparaître fondamentalement paradoxale — ou au moins problématique du point de vue de la démocratie dans la mesure où l'on part ici tacitement du principe que le « bon camp » a déjà gagné. Alors même que la démocratie, comme nous l'a appris Claude Lefort, est l'incertitude institutionnalisée : il n'y a qu'en Corée du Nord (ainsi que dans un certain nombre de circonscriptions électorales américaines) que l'on sait toujours à l'avance comment les choses finiront. Une véritable ouverture de l'Europe aux confrontations politiques représente aussi pour cette raison même une prise de risques. Mais *so what* ? Et alors ? Toutes les expériences menées jusqu'à présent nous ont enseigné que les partis qui entendaient tirer systématiquement un trait sur l'intégration ne pourraient, une fois parvenus au pouvoir, organiser aucune majorité — ni à l'échelon étatique ni à l'échelon européen.

Il importe d'en revenir encore une fois à un argument déjà évoqué à plusieurs reprises dans ces pages, un argument relatif à la capacité à opérer des distinctions politiques (et donc, en dernier ressort, à la capacité de jugement politique) : on ne se rend en aucun cas service lorsqu'on crée l'amalgame entre les formations populistes et des partis qui souhaiteraient seulement concevoir différemment l'intégration européenne. Les présenter tous, sans nuance aucune, comme des partis « anti-européens » ou « eurosceptiques » témoigne d'une paresse intellectuelle, d'une capacité de jugement défaillante, ou même d'intentions idéologiques : en procédant ainsi, il s'agit bien de discréditer les « populistes de gauche » en court-circuitant leurs positions avec celles d'un Wilders ou d'un Orbán. Comme cela a déjà été souligné plus haut, rien n'assure que tout se terminera bien d'un point de vue pro-européen ; il n'existe aucune garantie pour cela. On supposera donc, comme auparavant, que l'opposition à l'Union européenne ne se manifeste pas seulement lorsqu'il s'avère impossible d'articuler une opposition dans le cadre même de l'Union — une sorte de réaction de défi de la part de l'électorat. Une démocratisation de l'Union d'une tout autre nature n'en pourra mais : il y aura toujours suffisamment d'Européens pour envisager avec hostilité le projet d'intégration dans son entier. La question est de savoir combien.

Cette politisation par le haut semble — avec une issue pro-européenne apparemment déterminée à l'avance — bien trop relever de la manipulation aux yeux de ceux que personne, du reste, n'empêche de « secouer » l'Europe par le bas. Incontestablement, la situation est devenue bien plus complexe du fait de la crise de l'euro, dans la mesure où les confrontations portant sur sa résolution se sont presque exclusivement calquées sur une grille de lecture nationale (Jürgen Habermas a même parlé à leur sujet d'une « falsification » des conflits) — d'où le surgissement de fausses oppositions du type Grèce contre Allemagne, Nord contre Sud, etc. De même, nous avons désormais affaire à ladite « crise des migrants », et donc à de nouvelles fausses oppositions du type Vienne et Berlin contre Budapest et Bratislava, etc. L'Union reproduit donc exactement les tensions (et peut-être même, bientôt, les inimitiés ouvertes) entre États-nations que l'intégration européenne devait précisément permettre de surmonter. Et plus les conflits se déroulent dans le cadre national étatique, plus il devient invraisemblable de trouver des forces en mesure de proposer d'autres solutions échappant à ce cadre national étatique[50]. Les ressentiments se nécrosent dans la mesure où tous les pays membres se considèrent jusqu'à présent, dans la crise de l'euro, comme perdants. Les Allemands considèrent que de l'argent leur est soutiré par les Grecs (avec l'aide de Bruxelles, Paris et peut-être aussi Rome) ; quant aux Grecs, ils vivent l'intégration européenne comme une forme de colonialisme. Et bien que les décisions les plus importantes soient prises non pas *par* Bruxelles, mais *à* Bruxelles, l'Union européenne ne tire pas profit des crises : d'une manière ou d'une autre, l'impression demeure toujours que l'Union n'aura fait que mettre les citoyens dans le pétrin au fil des différentes crises (alors même que les États-nations sont, comme on le sait, les forces d'impulsion réellement à l'œuvre derrière l'union monétaire, les accords de Dublin, etc.).

Désormais, beaucoup trouvent tout de même réconfortant que les populistes ne s'allient pas entre eux par-delà les frontières, de façon à pouvoir systématiquement détruire le travail de l'Union. Il est par ailleurs fréquemment affirmé qu'une internationale populiste est par définition impossible (afin d'étayer cette affirmation, on établit un parallèle entre une telle internationale et une internationale nationaliste, par essence inenvisageable) et que, si quelqu'un s'écriait « Populistes de tous les pays, unissez-vous ! », personne ne lèverait le petit doigt.

Ces conceptions sont toutefois très naïves. En effet, comme l'ont par exemple montré les lendemains des élections européennes de 2014, des partis nationalistes peuvent très bien s'entendre entre eux dans le but de s'attaquer à cet ennemi commun qu'est à leurs yeux l'Union européenne. Ce qui est souvent négligé par les observateurs, c'est que ces partis pourraient parfaitement adopter une telle stratégie en campant sur leurs logiques populistes respectives : les « vrais » Européens, avanceraient-ils alors, ne voudraient à aucun prix d'une poursuite de l'intégration européenne, dans la mesure où ils rejettent déjà le proverbial « super-État » ; exactement comme des élites nationales corrompues se sont emparées des États-nations, l'Europe, diraient-ils, a été dérobée aux Européens par des élites tirant désormais profit de l'ouverture des frontières, pour défendre, par exemple, des intérêts privés. Viktor Orbán surtout a déjà tenté à plusieurs reprises de déclencher à l'échelle européenne une sorte de *Kulturkampf*, de combat culturel, qui ferait s'affronter des Européens « nationaux, chrétiens » à des cosmopolites libéraux défendant toujours plus d'ouverture (on sait qu'Orbán, en 2015, a annoncé que l'ère du « bla-bla libéral » approchait de sa fin ; son collègue polonais Witold Waszczykowski croit en revanche, comme auparavant, devoir encore ferailler contre un « nouveau cocktail de cultures et de races, un monde de cyclistes et de végétariens ne jurant qu'énergies renouvelables et luttant contre toute forme de religion »). J'ai déjà dit plus haut qu'un tel conflit ne devrait pas être forcément une catastrophe pour l'Europe, pour autant que ses protagonistes ne se diabolisent pas mutuellement.

En tout cas, dans la configuration institutionnelle qui est actuellement la sienne, l'Union européenne se mine lentement elle-même, n'ayant vraiment besoin de personne pour le faire. Certes, l'assentiment à l'Union est encore dans de nombreux pays étonnamment fort, mais chaque nouvelle crise semble provoquer une situation inédite où toutes les parties s'avèrent perdantes, ou se considèrent comme telles, révélant ainsi — alors même que l'on sait que l'État-nation ne peut résoudre les problèmes en question — une faible confiance en Bruxelles et des animosités croissantes au sein de ce que l'on appelait jadis si naïvement la « famille européenne ».

Tout indique que les Européens ne pourront tout avoir en même temps : l'intégration économique, la souveraineté nationale et la démocratie. *Si* les Européens veulent continuer d'avancer sur la voie de l'intégration, alors il leur faut renoncer à une part de démocratie nationale au nom et au profit d'une démocratie supranationale (ce qui ne signifie pas pour autant qu'un État fédéral européen naîtrait ensuite, immédiatement)[51]. Mais les Européens, évidemment, sont seuls à pouvoir décider s'ils sont véritablement disposés à cela, et seuls à pouvoir décider comment ils entendent aborder le conflit entre ouverture et clôture.

Conclusion

RÉSUMÉ EN DIX THÈSES SUIVI DE QUELQUES MOTS SUR L'AVENIR DE LA DÉMOCRATIE REPRÉSENTATIVE

Premièrement : le populisme ne peut être rattaché à des électeurs bien particuliers, à des profils sociopsychologiques bien déterminés ou à un certain « style politique ». Nous n'avons pas avec le populisme une idéologie dense (au sens neutre du terme, purement descriptif), comme le socialisme, le libéralisme ou encore le néo-libéralisme et le conservatisme (ce dernier étant souvent apparenté au populisme, de façon erronée, parce qu'il est, lui aussi, difficile à saisir conceptuellement). Mais le populisme montre une logique interne spécifique et identifiable : les populistes ne sont pas seulement hostiles aux élites, ils sont aussi fondamentalement anti-pluralistes. Leur revendication constante consiste à affirmer : nous — et seulement nous — représentons le peuple véritable. Et leurs distinctions politiques se ramènent inéluctablement à une distinction binaire, à caractère moral, entre le vrai et le faux, et en aucun cas à une unique distinction entre gauche et droite. Le populisme est synonyme de polarisation — une polarisation qui, toujours, revêt un fort caractère moral.

Deuxièmement : la démocratie et la représentation sont deux choses différentes. La représentation n'est pas en elle-même un principe démocratique. Les populistes ne sont en aucun cas hostiles au principe de la représentation. Tant qu'ils sont dans l'opposition, ils répètent à l'envi l'antienne selon laquelle le peuple est représenté par de mauvaises élites, et même par des élites corrompues.

Troisièmement : la critique des mauvais représentants a vite fait ensuite de tourner à une critique fondamentale des institutions démocratiques. L'argument des populistes consiste ici à avancer que les institutions ne peuvent qu'être affligées de vices fondamentaux dans la mesure où ce sont eux qui représentent la majorité silencieuse (et même, à dire vrai, la totalité de la population) : si les institutions fonctionnaient correctement, poursuivent-ils, ils seraient déjà au pouvoir depuis longtemps.

Quatrièmement : les populistes conçoivent le rapport de représentation comme un mandat impératif : la volonté clairement identifiable du peuple doit tout simplement, et elle seule, être mise en application. Il serait pourtant erroné de prendre au pied de la lettre cette idée de représentation de la volonté. Parce qu'une telle volonté unique d'un peuple homogène n'existe tout simplement jamais dans les faits (et ne peut déjà être établie a priori), les populistes se rabattent sur une conception de la représentation qui est plutôt symbolique : dans ces conditions, le peuple véritable doit, dans un premier temps, être extrait de la totalité empirique des citoyens. Cela signifie, très concrètement, ceci : seuls les travailleurs du cru, seul le *pueblo Chávez*, seuls les chrétiens-nationaux ou les *descamisados*, pour ne prendre que ces exemples, sont le peuple authentique.

Cinquièmement : les populistes jouent systématiquement cette construction symbolique, ce « peuple » symboliquement construit, contre les institutions existantes. Leur conception d'un peuple authentique, moralement pur, n'est pas réfutable sur le plan empirique.

Sixièmement : les partis populistes ne sont pas de simples partis protestataires ou de simples partis du refus du système ; et affirmer qu'ils seraient incapables, par définition, de gouverner constitue une erreur. Lorsqu'ils parviennent au pouvoir, ils gouvernent toutefois conformément à la logique intrinsèque du populisme : eux et eux seuls représentent le vrai peuple ; en conséquence, il ne saurait exister à leurs yeux d'opposition légitime.

Septièmement : une telle logique signifie, très concrètement, que les populistes accaparent l'appareil d'État, affaiblissent ou même suppriment tous les systèmes de *checks and balances*, tous les instruments de contre-pouvoir ; cela signifie qu'ils pratiquent un clientélisme de masse et cherchent à discréditer toute opposition, que ce soit au sein de la société civile ou dans les médias. Tout cela est mené à bien à l'aide d'une forme d'autojustification explicitement morale : dans une démocratie, affirment-ils, le peuple doit prendre possession de « son » État ; les prestations sociales étatiques ne doivent bénéficier qu'au seul véritable peuple, et non à ceux qui n'en font pas partie ; les voix de l'opposition, que ce soit dans les médias ou dans la société civile, ne sont que des porte-voix de puissances étrangères, ce qui, bien évidemment, ne saurait être toléré dans une authentique démocratie.

Huitièmement : la tendance qu'ont les libéraux à exclure tout bonnement les mouvances populistes d'opposition est problématique. En effet, en procédant ainsi, on fait très exactement ce que l'on reproche à juste titre aux populistes de faire eux-mêmes : on exclut au nom de la morale, exactement comme les populistes excluent de nombreux citoyens du peuple véritable, homogène, au nom de la morale. Au lieu de discréditer les populistes à l'aide d'arguments moraux, les démocrates libéraux devraient débattre dans un premier temps avec eux — ne fût-ce que pour rétablir justement les faits. Dans les cas où les populistes s'emploient à exciter les passions tristes ou même en appellent à la violence, c'est au droit pénal d'entrer en jeu. Mais dans tous les autres cas, il importe de prendre au sérieux les revendications des citoyens, et non pas seulement leurs supposées angoisses — quand bien même cela serait ressenti à titre personnel comme une corvée désagréable ou comme une chose politiquement dégoûtante. Une « insurrection des gens honnêtes » se félicitant mutuellement de leur grandeur morale en se tapant d'un air complice sur l'épaule n'est pas une bonne méthode[1].

Neuvièmement : les démocrates libéraux s'adonnent souvent à des énoncés contradictoires du type « Excluons ceux qui veulent exclure les autres ! », mais une faiblesse plus fondamentale encore afflige potentiellement leur positionnement : en effet, leur posture semble bien souvent se ramener au seul mot d'ordre « L'inclusion par-dessus tout ! » *[Inklusion über alles !]*. Pourtant, tant qu'il existera différents États et différents peuples nationaux, et tant que ces institutions signifieront beaucoup pour les hommes, non seulement sur le plan pratique, mais aussi sur le plan normatif, un tel impératif peinera à convaincre véritablement. Les démocrates libéraux supposent tacitement que celui qui possède le passeport d'un pays ou qui a longtemps vécu dans un pays *devrait* être considéré comme un citoyen à part entière de ce pays. Par conséquent, le critère d'inclusion qui est le leur est en définitive pure affaire de hasard empirique — alors que les populistes sont, semble-t-il, en mesure de proposer ici un critère d'inclusion qui, en apparence, semble bien plus substantiel sur le plan moral (prenant par exemple la forme du « Seul celui qui travaille fait partie du peuple ! »). C'est ainsi que les démocrates libéraux se voient radicalement confrontés, dans leur opposition aux populistes, à l'un des paradoxes philosophiques les plus difficiles de la démocratie : c'est que les questions relatives à l'inclusion démocratique ne peuvent être décidées démocratiquement... En effet, celui qui affirme que les frontières de la démocratie devraient être définies par le *demos*, par le peuple, doit tout de même, dans un premier temps, établir qui au juste fait partie du *demos* — ce qui était précisément toute la question de départ...

Cela signifie-t-il que les démocrates libéraux

se retrouvent donc dans le désarroi le plus total lorsqu'il s'agit pour eux d'étayer sur le plan normatif la démocratie et les arguments à avancer contre les populistes ? Pas forcément. En effet, l'idée selon laquelle il devrait exister un critère solide, définitivement inattaquable sur le plan philosophique, permettant de définir l'appartenance politique, est elle-même douteuse. Aucune démocratie ne naît du néant, elles sont toutes le résultat de hasards historiques — et notamment de nombreuses injustices. Mais la démocratie est aussi affaire de procédures permettant de corriger les injustices et de négocier de nouveaux critères d'appartenance. Il apparaît alors que le peuple s'exprime au pluriel, qu'il est « polyphone » (Pierre Rosanvallon) et qu'il n'existe pas *une vox populi* ; oui, il serait même possible de dire que le peuple, ce faisant, devient processus[2]. Bien évidemment, rien ne garantit que ce processus se déroule toujours en empruntant la bonne direction. Martin Luther King Jr. lui-même a dit un jour que l'arc de l'univers moral est long, mais qu'il tend vers la justice. Peut-être est-ce vrai ; mais peut-être aussi est-ce faux. Une chose importe, dans tous les cas, absolument : qu'il y ait des citoyens qui soient prêts à répondre de la justice et à dire clairement que le slogan « Nous sommes le peuple » (tel que le clame par exemple le mouvement Pegida) se ramène dans les faits à un « Et vous n'en faites pas partie ». Mais de tels citoyens devraient aussi, en guise de deuxième étape, expliquer pourquoi il est ici question de justice et de décence, et pas seulement d'un simple fait empirique.

Dixièmement : y a-t-il aujourd'hui, en Europe tout particulièrement, beaucoup de populistes ? Oui. Le concept de populisme est-il étiré à l'excès (consciemment ou inconsciemment) par les élites européennes de façon à pouvoir ignorer les critiques qu'elles jugent malvenues ? La réponse, là encore, doit être ici fermement affirmative. Et le fait que de nombreux politiciens, partis et mouvements oscillent en permanence entre logique démocratique et populisme impose d'affiner considérablement notre capacité de jugement politique, qui sera ici de plus en plus mise au défi. Lorsque Beppe Grillo critique les grands partis italiens, il importe de soupeser chacun de ses arguments, dont certains peuvent être légitimes, et d'autres simplement funestes. Mais lorsqu'il affirme sur le ton de la revendication que son mouvement mérite d'occuper la totalité des sièges du Parlement (autrement dit, que tous les autres acteurs politiques sont en fait illégitimes), il se comporte clairement comme un populiste. Dans cette mesure, le populisme est un phénomène qui nous contraint à réfléchir à ce que nous attendons à proprement parler de la démocratie, à ce que nous voulons atteindre avec elle, et aux fictions que les démocrates éclairés feraient mieux d'abandonner (une décision prise à l'unanimité au Parlement ne représente pas la « volonté du peuple », pas plus que n'est légitime une « décision du peuple » pour laquelle auraient voté 100 % des parlementaires). Les statuts de cette association déclarée qu'est Pegida précisent que son objectif est « l'encouragement à la capacité de perception politique ». Et les populistes, de fait, contribuent quelque peu à cela, *nolens volens*.

Tant que nous vivrons dans des démocraties représentatives, nous aurons affaire au populisme. La représentation n'est pas, en elle-même, un principe démocratique (de surcroît, historiquement, ce principe est apparu avant la démocratie moderne)[3]. Une démocratie fonctionnant correctement autorise toutefois la multiplication des revendications de représentativité — par-delà l'État-nation aussi. Qui veut, par exemple, une autre politique pour l'Union européenne, une politique européenne moins tournée vers les intérêts à court terme des États-nations, doit aussi se demander quels pourraient être de nouveaux rapports de représentation en Europe : plutôt que d'être avant tout assurée par les gouvernements nationaux, cette représentation ne pourrait-elle pas l'être, par exemple, par une Commission européenne dont les membres seraient élus, ou par un Parlement européen aux compétences élargies ?

Il n'est tout simplement pas possible de représenter objectivement, avec justesse et précision, les lignes de conflit à l'œuvre au sein d'une société ; mais un processus politique fonctionnant bien pour l'essentiel permet de traduire le pluralisme social dans le système politique. Cependant, il importe de souligner que le pluralisme n'est en rien une notion fixe : ce sont les confrontations sociales entre citoyens — des citoyens se reconnaissant mutuellement comme libres et égaux, mais différant également entre eux de par leurs intérêts respectifs et identités respectives — qui lui donnent sa forme, une forme toujours nouvelle (les populistes, en revanche, court-circuitent ou contournent ce processus complexe, astreignant, et mettent l'accent sur l'idée d'une unique représentation correcte, en définitive symbolique, d'une volonté du peuple prétendument homogène).

Nos démocraties libérales ne sont pas des démocraties au sens de la vieille Athènes, puisque la démocratie athénienne signifiait jadis avant tout ceci : un agir commun du fait de citoyens semblables, sans médiation, sans représentation[4]. Mais notre démocratie représentative ne saurait être dénigrée au seul motif que les espoirs d'instaurer une forme quelconque d'autonomie collective sont toujours, pour l'essentiel, déçus. Tant que nous n'aurons pas de modèle de démocratie post-représentative réellement démocratique, il sera préférable de ne pas faire le deuil, très inconsidérément, de la démocratie représentative[5]. Plus que tout, il importera de ne pas laisser le champ libre aux populistes, qui font comme s'ils pouvaient honorer les promesses originelles d'autonomie collective de la démocratie. Ils ne le peuvent pas.

APPENDICES

Remerciements

Je remercie en premier lieu l'Institut für dir Wissenschaften vom Menschen pour son invitation à intervenir dans ses murs en novembre 2013, dans le cadre des IWM Lectures. Klaus Nellen et ses collègues furent des hôtes merveilleux, et j'ai tiré grand profit de ces journées automnales, des discussions avec l'équipe scientifique de l'Institut ainsi qu'avec les auditeurs de mon intervention.

J'aimerais également remercier le Department of Politics, et surtout le Center for Human Values de l'université de Princeton, qui m'ont permis d'organiser en 2012 un colloque sur le thème du populisme — deux journées de débats extrêmement riches et productifs.

Je remercie tous les chercheurs avec lesquels j'ai pu débattre à cette occasion, après les interventions ou au cours des séminaires. Nous avons alors traité d'un thème qui, en ce début de XXIe siècle, est souvent une source d'inquiétude pour beaucoup, que ce soit aux États-Unis, en Amérique latine, et surtout en Europe — mais qui est aussi parfois un motif d'enthousiasme. Et nous avons pu constater alors, et tel est souvent le cas lorsqu'on traite de cette question, qu'il n'existe absolument pas de langage commun pour l'aborder (l'historien Richard Hofstadter avait donné jadis à l'un de ses cours le titre éloquent suivant : « Tout le monde parle de populisme, mais personne ne peut en donner une définition » — un sentiment qu'il est encore permis de faire sien aujourd'hui).

Mes réflexions sur la démocratie et le populisme — *for better or for worse* — ont surtout bénéficié de confrontations intellectuelles continues avec les amis et collègues suivants (ce qui ne veut pas dire que j'ai pu tous les convaincre de la pertinence de mes théories) : Andrew Arato, Paula Diehl, Gábor Halmai, Dick Howard, Carlo Invernizzi Accetti, Dan Kelemen, Seong-cheol Kim, Alex Kirshner, Mattias Kumm, Cas Mudde, Cristóbal Rovira Kaltwasser, Ivan Krastev, Ralf Michaels, Paulina Ochoa Espejo, Kim Lane Scheppele, Balázs Trencsényi et Nadia Urbinati. Je remercie particulièrement Cristóbal pour une invitation à Santiago et pour les débats très fouillés qui eurent lieu à cette occasion avec ses collègues et lui-même. J'aimerais de surcroît remercier Koen Vossen et René Cuperus pour les éclairages importants qu'ils m'ont offerts au sujet de la vie politique des Pays-Bas.

Certaines réflexions développées dans le présent ouvrage ont tout d'abord été esquissées dans les textes suivants : « Populismus : Theorie und Praxis » (*Merkur*, 69 / 2015, p. 28-37), « Parsing Populism. Who is and who is not a populist these days ? » (*Juncture*, 22 / 2015, p. 80-89), « "The people must be extracted from within the people" : Reflections on populism » (*Constellations*, 21 / 2014, p. 483-493), « Anläufe zu einer politischen Theorie des Populismus » (*Transit*, 44 / 2013, p. 62-71), « Towards a political theory of populism » (*Notizie di Politeia*, 107 / 2012, p. 19-24), ainsi que dans « Ein linkes Projekt » (in *Süddeutsche Zeitung*, 7 juillet 2015, p. 11), « Wir ohne die anderen » (*Süddeutsche Zeitung*, 28 janvier 2015, p. 11), « Das Leiden ist real » (*Süddeutsche Zeitung*, 24 juillet 2013, p. 11), « Das Unbehagen an der Demokratie » (*Der Tagesspiegel*, 13 janvier 2013, p. 7), « Wir ! Sind ! Das ! Volk ! » (*Die Zeit*, 19 avril 2012, p. 13), et enfin dans « Liberaler Populismus ? » (*Süddeutsche Zeitung*, 16 mars 2012, p. 22).

Je suis particulièrement redevable à Heinrich Geiselberger pour la patience qu'il a montrée à mon égard, supérieure à celle qu'un auteur peut légitimement attendre, et pour sa lecture très scrupuleuse du manuscrit.

Ma dette à l'endroit de ma famille est grande. Je remercie tout particulièrement Heidrun Müller, qui m'a été d'une grande aide au cours de la phase finale d'écriture, de très diverses façons.

Notes

EN GUISE D'OUVERTURE

QUI, AU JUSTE, N'EST PAS POPULISTE ?

1. Une traduction anglaise du fameux discours de juillet 2014 dans lequel Orbán annonce son intention d'instaurer un « État illibéral » (et non, comme cela est fréquemment affirmé, une « démocratie illibérale »), est accessible en ligne : http://budapestbeacon.com/public-policy/full-text-of-viktor-orbans-speech-at-baile-tusnad-tusnadfurdo-of-26-july-2014/10592.

2. Van Rompuy dans le texte : « Le grand danger est le populisme. Je sais, en tant que belge, ce que cela signifie. » Voir Michael Stabenow, « Anlaufstelle für Merkel und Sarkozy », un entretien avec Herman Van Rompuy paru dans la *Frankfurter Allgemeine Zeitung* en date du 9 avril 2010.

3. Voir surtout, à ce sujet, les publications des juristes espagnols Roberto Viciano Pastor et Rubén Martinez Dalmau.

4. Voir à ce propos l'entretien donné par la philosophe Chantal Mouffe au journal *Le Monde* le 20 avril 2016, intitulé « Pour un populisme de gauche » *(N.d.T.)*.

5. Ralf Dahrendorf, disparu en 2009, fut à la fois un homme politique et un intellectuel. Ardent défenseur du cosmopolitisme et ennemi déclaré du nationalisme, il n'en soulignait pas moins le rôle à ses yeux déterminant que

devait encore jouer l'État-nation, cadre privilégié selon lui de la démocratie et des droits des citoyens *(N.d.T.)*.

6. Voir Matthias Dusini, « Volksvertreter, Volksverräter », *Falter*, 47 / 2015.

7. Voir Cas Mudde et Cristóbal Rovira Kaltwasser (dir.), *Populism in Europe and the Americas : Threat or Corrective for Democracy ?*, New York, Cambridge University Press, 2013.

8. Lothar Probst, « Demokratie braucht Populismus », *Frankfurter Allgemeine Sonntagszeitung*, 2 décembre 2001.

9. Voir également Koen Abts et Stefan Rummens, « Populism versus Democracy », *Political Studies*, 55 / 2007, p. 405-424.

10. Ivan Krastev, « The populist moment » (18 septembre 2007) : http://eurozine.com/articles/2007-09-18-krastev-en.html [voir également à ce sujet l'entretien, évoqué dans l'une des notes qui précèdent, accordé au *Monde* le 20 avril 2016 par Chantal Mouffe *(N.d.T.)*].

11. Ghita Ionescu et Ernest Gellner (dir.), *Populism : Its Meaning and National Caracteristics*, Londres, Weidenfeld & Nicolson, 1969, p. 1-5. [Pour une analyse de cet ouvrage, voir Pierre-André Taguieff, *La Revanche du nationalisme. Néopopulistes et xénophobes à l'assaut de l'Europe*, Paris, PUF, 2015 *(N.d.T.)*.]

12. Giovanni Sartori, « Concept misformation in comparative politics », *American Political Science Review*, 64 / 1970, p. 1033-1053.

13. Thomas Mayer, « Die Gefahr der Populisten », *Frankfurter Allgemeinei Sonntagszeitung*, 4 janvier 2016.

14. Voir Kurt Weyland. « Neopapulism and neoliberalism in Latin America : Unexpected affinities », *Studies in Comparative International Development*, 31 / 1996, p. 3-31. Voir aussi Cristóbal Rovira Kaltwasser, « From right populism in the 1990s to left populism in the 2000s — and back again ? », *The Resilience of the Latin American Right* (dir. J. P. Luna et C. Revira Kaltwasser), Baltimore, Johns Hopkins University Press, 2014, p. 143-166.

15. Devant ce supposé arbitraire en termes de contenu, Paul Taggart définit le populisme comme étant « *empty-*

hearted » mais, dans le même temps, il souligne le fait que les populistes identifient toujours le peuple authentique à un « heartland » mythique, à une vraie patrie mythique : « Le populisme est un hymne louangeur, épisodique, antipolitique, sans contenu, caméléonesque, à la valeur de la vraie patrie, et qui est en règle générale entonné en temps de crise » (Paul Taggart, *Populism*, Buckingham, Open University Press, 2000, p. 5).

16. Voir Jürgen Habermas, *Faktizität und Geltung : Beiträge zur Diskurstheorie des Rechts und des demokratischen Rechtsstaats*, Francfort, Suhrkamp, 1992, p. 607. [Une citation tirée d'un chapitre non repris dans la traduction française de l'ouvrage, *Droit et démocratie. Entre faits et normes* (trad. de l'allemand de R. Rochlitz et Ch. Bouchindhomme, Paris, Gallimard, « Nrf-Essais », 1997) *(N.d.T.)*.]

I

LE POPULISME, EN THÉORIE...

1. Robert Musil, « La nation comme idéal et comme réalité », in *Essais. Conférences — critique, aphorismes et réflexions*, trad. de l'allemand et préface de Ph. Jaccottet, Paris, Le Seuil, 1984, p. 129 *(N.d.T.)*.

2. Nikolaus Werz, « Einleitung : Populismus und Populisten », in *Populismus : Populisten in Ubersee und Europa* (dir. N. Werz), Opladen, Leske + Budrich, 2003, p. 7-14 (p. 13).

3. Hans-Jürgen Puhle, « Zwischen Protest und Politikstil : Populismus, Neo-Populismus und Demokratie », *ibid.*, p. 15-43 (p. 17 et p. 42).

4. Helmut Dubiel, « Das Gespenst des Populismus », *Populismus und Aufklärung* (dir. H. Dubiel), Francfort-sur-le-Main, Suhrkamp, 1986, p. 33-50 (p. 35). [On lira au sujet du populisme américain — un radicalisme plébéien qui puisait à des sources républicaines, libérales, puritaines aussi bien que socialistes : Christopher Lasch, *Le Seul et Vrai Paradis. Une histoire de l'idéologie du progrès*

et de ses critiques [1991], présentation et trad. de l'anglais (États-Unis) de F. Joly, Paris, Climats, 2002, et Flammarion, « Champs », 2006 *(N.d.T.)*.]

5. Dans son essai intitulé « Trust the people ! Populism and the two faces of democracy » (*Political Studies*, 47 / 1999, p. 2-16), Margaret Canovan se penche sur ces promesses de rédemption qui, à ses yeux, représentent un aspect légitime de la démocratie.

6. Ralf Dahrendorf, « Acht Anmerkungen zum Populismus », *Transit Europäische Revue*, 25 / 2003, p. 156-153.

7. Bien que l'on puisse tout à fait dire que le populisme est très souvent simplificateur — mais pas seulement au sens où il défendrait des programmes sursimplifiés. Pierre Rosanvallon a identifié trois simplifications opérées par le populisme : une simplification sociologico-politique (le sujet collectif « peuple » bruyamment opposé aux « élites »), une simplification procédurale-institutionnelle (l'idée que seul le référendum est démocratique) et une simplification de l'idée de cohésion sociale (qui serait soi-disant fabriquée, en toute simplicité, par une identité homogène) ; voir à ce sujet Pierre Rosanvallon, « Penser le populisme », *La Vie des idées* (27 septembre 2011) : http://www.laviedesidees.fr/Penser-le-populisme.html.

8. Ce qui ne signifie pas qu'il n'existerait pas d'« angoisse du déclassement » ni d'inquiétudes devant des inégalités croissantes : les souffrances, en effet, sont bien réelles ; voir ici Stephen Mau, *Lebenschancen : Wohin driftet die Mittelschicht ?*, Berlin, Suhrkamp, 2012 ; et Wilhelm Heitmeyer (dir.), *Deutsche Zustände. Folge 10*, Berlin, Suhrkamp, 2011.

9. Voir ici David Runciman, *The Confidence Trap : A History of Democracy in Crisis from World War I to the Present*, Princeton, Princeton University Press, 2013.

10. Nous trouvons une version radicale de cette thèse chez Marco d'Eramo, « Populism and the new oligarchy », *New Left Review*, 82 / 2013, p. 5-28.

11. Karin Priester, *Rechter und linker Populismus : Annäherung an ein Chamäleon*, Francfort-sur-le-Main, Campus, 2012, p. 17.

12. Mark Elchardus et Bram Spruyt, « Populism, persistent republicanism and declinism : An empirical Analysis of Populism as a thin Ideology », *Government and Opposition*, 51 / 2016, p. 111-133.

13. Roy Kemmers, Jeroen van der Waal et Stef Aupers, « Becoming politically discontented : Anti-establishment Careers of Dutch nonvoters and PVV voters », *Current Sociology*, 18 / 2015, p. 1-18 ; voir également Lars Geiges, Marc Stine et Franz Walter, *Pegida : Die schmutzige Seite der Zivilgesellschaft*, Bielefeld, Transcript, 2015.

14. Voir au sujet de ce « gender gap », Cas Mudde et Cristóbal Rovira Kaltwasser, « Populism », *The Oxford Handbook of Political Ideologies* (dir. M. Freeden *et alii*), New York, Oxford University Press, 2013, p. 493-512.

15. Bert N. Bakker, Matthijs Rooduijn et Gijs Schmacher, « The psychological Roots of populist voting : Evidence from the United States, the Netherlands and Germany », *European Journal of Political Research* (à paraître). Les auteurs de cet article en concluent sans détour : « Des populistes comme Marine Le Pen, Geert Wilders, Sarah Palin et Nigel Farage ont réussi ce tour de force consistant à mobiliser des électeurs montrant d'assez fâcheuses structures de la personnalité. C'est ce qu'ils partagent, *par-delà* des contextes politiques différents ; c'est ce qui les différencie des partis établis ; et c'est ce qui est au fondement de leur succès peut-être surprenant. »

16. On se reportera ici aux premiers chapitres de *La Généalogie de la morale.*

17. Les réflexions de Max Scheler sur le ressentiment attendent toujours d'être reconnues à leur juste valeur.

18. Cité in Margaret Canovan, *Populism*, New York, Harcourt Brace Jovanovich, 1981, p. 33.

19. *Ibid.*, p. 51.

20. Selon Tim Houwen, l'adjectif « *populistic* » fut utilisé pour la première fois en 1896 dans un article paru dans le magazine *The Nation* (*The Non-European Roots of the Concept of Populism*, Sussex European Institute, communication n° 120).

21. Cependant, « populisme » n'est pas le seul vocable

politique à générer un tel désarroi normatif ; le concept de « libéralisme » est lui aussi l'objet de différences d'interprétation considérables.

22. Watson put écrire ceci : « [Jefferson] aurait-il pu s'imaginer qu'à peu près cent ans plus tard, son parti se prostituerait, se coucherait devant les visées les plus viles des monopoles ; que des millionnaires juifs aux yeux rouges deviendraient les dirigeants de ce parti, et que la liberté et la prospérité du pays seraient constamment sacrifiées, dans un esprit de corruption, à la voracité de ploutocrates, au nom de la démocratie jeffersonienne ? » (cité in Michael Kazin, *The Populist Persuasion : An American History*, Ithaca, Cornell University Press, 1998, p. 10). Ou encore ceci : « La lie de la création s'est déversée sur nous. Certaines de nos principales villes sont plus étrangères qu'américaines. Les hordes les plus dangereuses et corrompues du Vieux Continent nous ont envahis. Le vice et le crime instillés dans nos cœurs sont écœurants et terrifiants. Qu'ont apporté sur nos rives ces Goths et ces Vandales ? Ce sont les fabricants qui sont les plus à blâmer. Ils voulaient une main-d'œuvre à bas coût, et se moquaient bien du tort que cette politique impitoyable infligerait aux générations à venir » (cité par George Packer, « The Populists », *The New Yorker*, 7 septembre 2015 [http://www.newyorker.com/magazine/2015/09/07/the-populists]).

23. C. Vann Woodward, « The populist heritage and the intellectual », *The American Scholar*, 29 / 1959-60, p. 55-72.

24. Lipset soutenait que les mouvements populistes et extrémistes attiraient « les mécontents et les personnes souffrant de fragilité psychologique, [...] les individus en situation d'échec personnel, les gens isolés socialement, les précaires, les personnalités immatures, incultes et autoritaires » (Seymour Martin Lipset, *Political Man : The Social Bases of Politics*, Garden City, Doubleday, 1963, p. 178).

25. Victor C. Ferkiss, « Populist influences on American fascism », *The Western Political Quarterly*, 10 / 1957, p. 350-373 (p. 352).

26. Karin Priester, *Populismus : Historische und aktuelle Erscheinungsformen*, Francfort-sur-le-Main, Campus, 1998.

27. Je me montre ici en plein accord avec l'approche « idéologique », très inspirante, de Cas Mudde, mais les différences entre nos deux approches se révéleront avec évidence dans les pages qui suivent ; voir, par exemple, Cas Mudde, « The populist zeitgeist », *Government and Opposition*, 39 / 2004, p. 542-563.

28. Priester parle d'un « double processus de fermeture », vers le haut et vers le bas ; voir Karin Priester, *Rechter und linker Populismus : Annäherung an ein Chamäleon, op. cit.*, p. 94.

29. Je remercie Ivan Krastev pour les nombreux éclairages qu'il m'a offerts lors de nos conversations sur ces questions.

30. Une littérature juridique très fouillée sur cette question est entre-temps apparue ; voir, par exemple, Paul Clement et Neal Katyal, « On the meaning of "natural born citizen" », *Harvard Law Review*, 128 / 2014-2015, p. 161-164.

31. On a même pu tenter, par des moyens juridiques, de se réserver le slogan « Nous sommes le peuple ». Un épisode étrange, symbolique, mais qui n'est pourtant pas dépourvu de signification, mérite à cet égard d'être mentionné : une association populiste de droite a tenté, il y a quelques années, de déposer à l'Office des brevets de Munich la marque « Wir sind das Volk » [« WSDV » (« Nous sommes le peuple »)] afin d'en acquérir la propriété. Voir à ce sujet un article de *Die Welt* du 13 mai 2013 : http://www.welt.de/politik/deutschland/article115838903/Rechtspopulisten-sichern-sich-Wir-sind-das-Volk.html.

32. Des éléments de nature empirique nous laissent ici penser que les électeurs des partis populistes ne sont pas de grands adeptes du pluralisme. Cependant, lorsque nous nous penchons sur le cas des Pays-Bas, nous constatons que les populistes de gauche s'y montrent plutôt disposés à prêter attention aux opinions différentes des leurs ; voir Agnes Akkerman, Cas Mudde et Andrej Zaslove, « How populist are the people ? Measuring populist attitudes in voters », *Comparative Political Studies*, 47 / 2014, p. 1-30.

33. Cité par Hans Jörg Hennecke, « Das Salz in den

Wunden der Konkordanz : Christoph Blocher und die Schweizer Politik », in *Populismus : Populisten in Übersee und Europa* (dir. N. Werz), *op. cit.*, p. 145-162 (p. 154).

34. *Ibid.*, p. 150.

35. Aujourd'hui, un député ou une députée doit, comme on le sait, représenter l'ensemble des citoyens, et non pas seulement les habitants de sa circonscription électorale ou les membres de son seul parti (une conception des choses qui remonte aux réflexions de l'abbé Sieyès).

36. Barbara Stollberg-Rilinger, « Vormoderne politische Repräsentation als Abbildung und Zurechnung », in *Politische Repräsentation und das Symbolische : Historische, politische und soziologische Perspektiven* (dir. P. Diehl et F. Steilen), Wiesbaden, Springer, 2016, p. 133-155.

37. Karin Priester, *Rechter und linker Populismus : Annäherung an ein Chamäleon, op. cit.*, p. 55.

38. Gerhard Göhler offre une bonne vue d'ensemble de cette question dans son article « Symbolische Repräsentation aus deutscher und französischer Sicht », in *Politische Repräsentation und das Symbolische : Historische, politische und soziologische Perspektiven* (dir. P. Diehl et F. Steilen), *op. cit.*, p. 23-49.

39. Cité par Zsolt Enyedi, « Plebeians, citoyens and aristocrats or Where is the bottom of the bottom-up ? The case of Hungary », in *European Populism in the Shadow of the Great Recession* (dir. H. Kriesi et T. S. Pappas), Colchester, ECPR Press, 2015, p. 235-250 (p. 239 et s.).

40. Qui veulent que le mode démocratique de décision collectif, égalitaire et majoritaire, offre le plus de chances de parvenir à la meilleure décision. L'assentiment de la totalité des citoyens à l'avis de la majorité n'y apparaît pas arbitraire : ce n'est pas la force du nombre, mais l'idée que la majorité tend à avoir raison qui justifie que la minorité se soumette à la décision de la majorité *(N.d.T.)*.

41. De nombreux observateurs parlent même de « populisme épistémologique ». L'expression « *Think about it !* » (« Pensez-y ! »), répétée en boucle, est une spécificité de la rhétorique de Trump. Celui-ci a élaboré une manière de communiquer hyper simplifiée, accessible à tous, et

appelant tout un chacun à réfléchir au message communiqué. Cette figure de rhétorique se retrouve par exemple dans le tweet que Trump a consacré aux événements de la Saint-Sylvestre 2015 à Cologne : « En Allemagne, attaques massives contre la population, par des migrants autorisés à entrer sur son territoire. La nuit de la Saint-Sylvestre a été un désastre. Réfléchissez-y ! » (6 janvier 2016). Le jour suivant, le 7 janvier, Trump publia le tweet suivant : « Un homme abattu dans un commissariat parisien. On a juste annoncé que la menace terroriste était à son plus haut niveau. L'Allemagne dans le chaos total — de grands crimes y sont commis. Méditez tout cela ! »

42. Voir Bernard Manin, *Principes du gouvernement représentatif*, Paris, Flammarion, « Champs », 1997.

43. *Ibid.* ; voir aussi Wilfried Nippel, *Liberté antique, liberté moderne. Les fondements de la démocratie de l'Antiquité à nos jours*, trad. de l'allemand d'O. Mannoni, Toulouse, Presses universitaires du Mirail, 2011 *(N.d.T.)*.

44. Carl Schmitt, *Théorie de la Constitution* [1928], trad. de l'allemand de L. Deroche, Paris, PUF, « Quadrige », 2008, p. 373 *(N.d.T.)*.

45. Que l'on pense seulement à Geert Wilders, qui travaille depuis un quart de siècle au Binnenhof, le Parlement des Pays-Bas : il y débuta tout d'abord, à partir de 1990, comme assistant, avant de devenir, en 1998, député.

46. Il faut ici distinguer entre *leadership* externe et interne. Le *leadership* interne n'est, sur la durée, pas moins important que le rayonnement d'une figure charismatique de fondateur : quelqu'un doit institutionnaliser le parti et « routiniser » le charisme ; voir Sarah L. de Lange et David Art, « Fortuyn versus Wilders : An Agency-based approach to radical right party building », *West European Politics*, 34 / 2011, p. 1229-1249.

47. On pouvait également lire sur les prospectus électoraux des partisans de Chávez des slogans du type : « Chávez est le peuple ! Nous sommes Chávez ! Les millions sont Chávez ! Toi aussi, tu es Chávez ! »

48. Voir Carl Schmitt, *État, mouvement, peuple. L'orga-*

nisation triadique de l'unité politique, trad. de l'allemand d'A. Pilleul, Paris, Kimé, 1997.

49. Le populisme et le totalitarisme représentent deux possibilités qui sont d'abord données avec la démocratie représentative moderne. Claude Lefort écrit à ce sujet : « La démocratie allie ces deux principes apparemment contradictoires : l'un, que le pouvoir émane du peuple ; l'autre, qu'il n'est le pouvoir de personne. Or elle vit de cette contradiction. Pour peu que celle-ci soit sur le point d'être tranchée ou le soit, la voilà près de se défaire ou déjà détruite. [...] Mais si l'image du peuple s'actualise, si un parti prétend s'identifier avec lui et s'approprier le pouvoir sous le couvert de cette identification, cette fois, c'est le principe même de la distinction État-société [...] qui se trouve nié. [...] Phénomène qui est justement caractéristique du totalitarisme. » Voir Claude Lefort, « La logique totalitaire » [1980], in *L'Invention démocratique. Les limites de la domination totalitaire*, Paris, Fayard, 1981, p. 92-93 *(N.d.T.)*. L'édition 2 / 2012 de *Totalitarismus und Demokratie* dirigée par Paula Diehl et Stefano Cavazzo prolonge ces réflexions sur le fascisme et le populisme.

50. Ce n'est pas un hasard si les soutiens des populistes américains, par exemple, parlent toujours des « real Americans ». Voir Dan T. Carter, « What Donald Trump owes George Wallace », New York Times, 10 janvier 2016 : http://www.nytimes.com/2016/01/10/opinion/campaign-stops/what-donald-trump-owes-george-wallace.html?_r=0.

51. Daniele Albertazzi et Duncan McDonnell, *Populists in Power*, New York, Routledge, 2015, p. 23.

52. Karin Priester, *Rechter und linker Populismus : Annäherung an ein Chamäleon, op. cit.*, p. 23.

53. Francesca Bassa, « Tosi toglie Napolitano : "Metto la foto di Pertini" », *Corriere della Serra*, 19 juin 2007 (http://www.corriere.it/Primo_Piano/Politica/2007/06_Giugno/19/sindaco-verona-napolitano-pertini.shtml?refresh_ce-cp).

54. Paul Lucardie et Gerrit Voerman, « Geert Wilders and The Party for Freedom in the Netherlands : A political entrepreneur in the Polder », in *Exposing the Demagogues : Right-wing and National Populist Parties in*

Europe (dir. K. Grabow et F. Hartleb), Konrad Adenauer Stiftung, Berlin, 2013, p. 187-203 (http://www.kas.de/wf/doc/kas_35420-544-2-30.pdf?140519123322). Il me faut ici remercier Koen Vossen pour les aperçus qu'il m'a offerts sur cette question.

55. Sarah L. de Lange et David Art, « Fortuyn versus Wilders : An Agency-based approach to radical right party building », *op. cit.*

56. Je remercie Cas Mudde pour les éclairages qu'il m'a offerts ici.

57. Nadia Urbinati, « A revolt against intermediary bodies », *Constellations*, 22 / 2015, p. 477-486. Cette conception ressemble fort à l'idée de « démocratie immédiate » forgée par Pierre Rosanvallon.

58. Beppe Grillo, Gianroberto Casaleggio et Dario Fo, *5 Sterne : Über Demokratie, Italien und die Zukunft Europas*, Stuttgart, Klett-Cotta, 2013, p. 107.

59. La Ligue du Nord fut longtemps organisée sur le modèle du clan familial. Le Front national est, littéralement, le parti d'une famille, une fille et une nièce de Jean-Marie Le Pen en étant pour le moment les figures dirigeantes les plus importantes.

60. Nancy L. Rosenblum, *On the side of the Angels : An Appreciation of Parties and Partisanship*, Princeton, Princeton University Press, 2008.

61. PP pour Partido Popular, le parti conservateur, le PSOE étant, lui, le parti socialiste espagnol.

62. Comme l'a montré Jill Lepore, l'expression « majorité silencieuse » désignait traditionnellement les morts avant que Nixon en détourne le sens dans le but d'attirer l'attention sur cette majorité d'Américains dont il prétendait qu'elle soutenait la guerre du Vietnam ; voir Jill Lepore, *The Whites of Their Eyes : The Tea Party's Revolution and the Battle over American History*, Princeton, Princeton University Press, 2010, p. 4 et s.

63. Hans Kelsen, *Vom Wesen und Wert der Demokratie* [1929], Aalen, Scientia, 1981, p. 22.

64. Voir, au sujet des stratégies respectivement élaborées par Schmitt et Rousseau pour « faire avec » cette ins-

tabilité : Samuel Salzborn, « Schmitt, Rousseau und das Paradox des Volkswillens », in *Legalität ohne Legitimität ? Carl Schmitts Kategorie der Legitimität* (dir. R. Voigt), Wiesbaden, Springer, 2015, p. 53-75.

65. Pierre Rosanvallon, « Revolutionary democracy », in Pierre Rosanvallon, *Democracy Past and Future* (dir. S. Moyn), New York, Columbia University Press, 2006, p. 79-97 (p. 79 et s.). John Quincy Adams a également souligné ceci : « La démocratie ne possède aucun monument. Elle ne frappe pas de médailles. Elle ne fait pas graver de tête humaine sur les pièces de monnaie. Elle est par nature iconoclaste » (cité par Jason Frank, « The living images of the people », in *Theorie & Event*, 18 / 2015).

66. Christoph Möllers, *Demokratie : Zumutungen und Versprechen*, Berlin, Wagenbach, 2008, p. 33 et s.

67. Voir aussi Philip Manow, *Im Schatten des Königs. Die politische Anatomie demokratischer Repräsentation*, Francfort-sur-le-Main, Suhrkamp, 2008.

68. Une théorie que l'on retrouve d'ailleurs aussi chez les populistes. Tout récemment, un politicien vénézuélien en a administré la preuve en déclarant : « Nous dire chavistes, Chávez est mort, c'est comme se dire chrétien, Christ est mort. » Voir Carl Moses, « Bildersturm in Caracas », *Frankfurter Allgemeine Zeitung*, 8 janvier 2016.

69. Ernst H. Kantorowicz, *Les Deux Corps du Roi. Essai sur la théologie politique au Moyen Âge*, trad. de l'anglais de J.-Ph. et N. Genet, Paris, Gallimard, « Quarto », 2000, p. 856-859 *(N.d.T.)*.

70. Kantorowicz distingue le *king body politic*, corps du roi immatériel, immuable et immortel, du *king body natural*, corps du roi matériel, privé et mortel *(N.d.T.)*.

71. *Ibid.*, p. 667 et s. *(N.d.T.)*.

72. Bryan Garsten, « Representative governement and popular sovereignty », in *Political Representation* (dir. I. Shapiro, S. C. Stokes, E. J. Wood et A. S. Kirshner), New York, Cambridge University Press, 2009, p. 90-110 (p. 91).

73. Comme le fait par exemple Thomas Frank dans *What's the Matter with Kansas ? How Conservatives Won the Heart of America*, New York, Henry Holt, 2004.

74. Michael Saward, « The representative claim », *Contemporary Political Theory*, 5 / 2006, p. 297-318.

75. Voir Richard Hofstadter, *Le Style paranoïaque. Théorie du complot et droite radicale en Amérique*, préface de Ph. Raynaud, trad. de l'anglais (États-Unis) de J. Charnay, Paris, François Bourin, « Washington Square », 2012 *(N.d.T.)*. Ce style est aujourd'hui, aux États-Unis, particulièrement cultivé par Trump. Celui-ci a constamment prétendu qu'Obama refusait de parler de guerre contre le terrorisme islamiste et affirmé que ce prétendu silence était un signe de lâcheté, voire plus : « Le président Obama est le président le moins transparent de l'histoire de ce pays. Il n'y a jamais rien eu de tel. Nous ne savons que très peu de choses à propos de notre président. »

76. Kathleen Bruhn, « To hell with your corrupt institutions ! : AMLO and populism in Mexico », in Cas Mudde et Cristóbal Rovira Kaltwasser (dir.), *Populism in Europe and the Americas : Threat or Corrective for Democracy ?*, *op. cit.*, p. 88-112.

77. Paulina Ochoa-Espejo, « Power to whom ? The people between procedure and populism », in *The Promise and Perils of Populism : Global Perspectives* (dir. C. de la Torre), Lexington, University Press of Kentucky, 2015, p. 59-90.

78. *Ibid.*

79. Ce critère n'est pas forcément subjectif. Pour une tentative exemplaire d'évaluer le degré de rhétorique populiste à l'aide de phrases-clés, on se reportera à Keith Hawkins, « Is Chávez populist ? Measuring populist discourse in comparative perspective », in *Comparative Political Studie*, 42 / 2009, p. 1040-1067.

80. Pour des critères (manquant de précision) de définition du populisme en tant que style politique, voir Benjamin Moffitt et Simon Tormey, « Rethinking populism : Politics, mediatisation and political style », in *Political Studies*, 62 / 2014, p. 381-397.

81. Wallace fut gouverneur de l'Alabama et l'un des défenseurs les plus acharnés de la ségrégation, qu'il évoqua dans les termes (tristement célèbres) suivants : « Au

nom du plus grand peuple qui ait jamais foulé cette terre, je trace une ligne dans la poussière et jette mon gant au pied de la tyrannie. Et je dis : ségrégation aujourd'hui, ségrégation demain, ségrégation toujours ! »

82. Robert S. Jansen, « Populist mobilization : A new theoretical approach to populism », in *Sociological Theory*, 29 / 2011, p. 75-96 ; Kurt Weyland, « Clarifying a contested concept : Populism in the study of Latin American politics », in *Comparative Politics*, 34 / 2001, p. 1-22.

83. Voir à ce sujet les travaux de Keith Hawkins.

II

... ET DANS LA PRATIQUE

1. Bertolt Brecht, « Trois paragraphes de la Constitution de Weimar », in *Poèmes*, t. III (1930-1933), Paris, L'Arche, 1966, p. 162-165 *(N. d.T.).*

2. Une autre variante de cette vision des choses, représentée par Karin Priester, consiste à avancer que le populisme devenu régime politique cesse très vite d'être un populisme et prend alors la forme d'un clientélisme de masse incarné en la personne du leader et centré sur elle. Priester ne nous explique toutefois pas pour quelles raisons se produirait cette fort étonnante métamorphose (voir Karin Priester, *Populismus : Historische und aktuelle Erscheinungs-formen, op. cit.).*

3. José Pedro Zuquete, « The missionary politics of Hugo Chávez », *Latin American Politics and Society*, 50 / 2008, p. 105.

4. Benjamin Moffitt, « How to perform crisis : A model for understanding the key role of crisis in contemporary populism », *Government and Opposition*, 50 / 2015, p. 189-217.

5. Carlos de la Torre, *Populist Seduction in Latin America*, Athens, Ohio University Press, 2010, p. 188.

6. Ranger simplement ces deux-là dans la même catégorie que Chávez serait toutefois une erreur. Morales surtout a initié et mené à bien une politique constitutionnelle

inclusive. Le *constitucionalismo comprometido* comporte de nombreux droits fondamentaux nouveaux (comme, par exemple, le « droit à une vie bonne ») ainsi que des mesures témoignant de préoccupations écologiques fortes. Morales a en outre fait de la Bolivie un État « pluri-national ».

7. Voir Peter Mair, *Ruling the Void. The Hollowing of Western Democracy*, Londres, Verso, 2013.

8. Pour Francis Fukuyama, le clientélisme est une forme primitive de démocratie dans la mesure où il contraint les puissants à rendre des comptes à leurs clientèles ; voir Francis Fukuyama, *Political Order and Political Decay*, New York, Farrar, Strauss & Giroux, 2014.

9. Voir Yolanda Valery, « Boliburguesía : nueva clase venezolana » (http://www.bbc.com/mundo/economia/2009/12/091202_1045_venezuela_boliburguesia_wbm.shtml).

10. Sebastián L. Mazzuca, « The rise of rentier populism », *Journal of Democracy*, 24 / 2013, p. 108-122.

11. *Feschist* est un néologisme, fruit de la contraction des adjectifs *faschist* et *fesch*, chic, sympathique, séduisant. Le feschiste est un fasciste au physique avantageux et au sourire enjôleur *(N.d.T.)*.

12. Karin Priester, *Rechter und linker Populismus : Annäherung an ein Chamäleon, op. cit.*

13. Dans cette mesure, les populistes travaillent constamment à la « formation » ou, pour employer un terme plus fort, à la mise au pas politique de la société : la « volonté populaire » doit être neutralisée sur la durée. Que l'on pense au « système de coopération nationale » mis en place par Viktor Orbán, ou aux semonces d'Erdoğan, qui aime rappeler à ses compatriotes que chacun, dans la société turque, doit connaître la place qu'il y occupe et ses limites ; voir à ce sujet Ertug Tombus, « Erdogan's Turkey : Beyond legitimacy and legality » (http://researchturkey.org/erdogans-turkey-beyond-legitimacy-and-legality/).

14. Une telle stratégie fonctionne d'autant mieux que les mécontents partent à l'étranger, un phénomène que l'on a pu constater en Hongrie au cours des cinq dernières années. On estime en effet à au moins 500 000 le nombre

de citoyens hongrois qui se sont exclus eux-mêmes, plus ou moins de leur plein gré, du peuple-Fidesz.

15. Voir Kurt Weyland, « The threat from the populist left », *Journal of Democracy*, 24 / 2013, p. 18-32.

16. C'est Giovanni Gentile qui a posé les « fondements philosophiques » du fascisme italien, qu'il avait pensé comme un objet philosophique et qu'il présentait comme une démocratie ; voir, par exemple, « The philosophic basis of fascism », *Foreign Affairs*, 6 / 1927-28, p. 290-304.

17. Il existe encore d'autres raisons au fait que des régimes autoritaires peuvent avoir intérêt à continuer d'organiser des élections : celles-ci leur procurent des informations sur la société et permettent de tester les forces de l'opposition ; voir Dawn Brancati, « Democratic authoritarianism : Origins and effects », *Annual Review of Political Science*, 17 / 2014, p. 313-326.

18. L'OSCE (Organisation pour la sécurité et la coopération en Europe) a expressément présenté les élections législatives hongroises d'avril 2014 comme des élections libres, mais non régulières.

19. C'est l'intellectuel américain Fareed Zakaria qui, à la fin des années 1990, a imposé dans les *policy-circles* occidentaux l'idée de « démocratie illibérale », qui, à ce moment-là, déjà, témoignait de la morosité grandissante qui avait succédé à l'exubérante euphorie post-1989. Beaucoup crurent à ce moment-là que la démocratie et l'État de droit formaient un tout indissociable, universellement désiré, et qui ne tarderait pas à s'imposer dans le monde entier ; voir Fareed Zakaria, « The rise of illiberal democracy », *Foreign Affairs*, nov. / dec. 1997 (https://www.foreignaffairs.com/articles/1997-11-01/rise-illiberal-democracy).

20. Ernst Fraenkel, *Der Doppelstaat* [1940 / 41], Hambourg, Europäische Verlagsanstalt, 2001.

21. Sur la notion de « démocratie défectueuse », voir surtout les travaux de Wolfgang Merkel.

22. Orbán a prononcé un discours fondamental sur la crise d'identité du libéralisme, prédisant la fin de l'ère des « papotages libéraux ». Ce discours est accessible en ligne à l'adresse suivante : http://www.kormany.hu/en/the-prime-

minister/the-prime-minister-s-speeches/viktor-orban-s-speech-at-the-14th-kotcse-civil-picnic.

23. Au départ hostile à la démocratie, Jacques Maritain en devint un fervent défenseur. Je me permets de renvoyer ici à mon article « Die eigentlich katholische Entschärfung : Jacques Maritain und die christdemokratischen Fluchtwege aus dem Zeitalter der Extreme », *Zeitschrift für Ideengeschicht*, 2 / 2008, p. 40-54. [Voir également, pour un portrait intellectuel de Maritain et une analyse du rôle qu'il joua aux lendemains de la Seconde Guerre mondiale, Jan-Werner Müller, *Difficile démocratie. Les idées politiques en Europe au XXe siècle*, trad. de l'anglais (États-Unis) de F. Joly, Paris, Alma, 2013, p. 275-285 *(N.d.T.).]*

24. Voir par exemple György Schöpflin, « Why western liberals misunderstand Hungary », *Politico*, 10 octobre 2015 (http://www.politico.eu/article/western-liberals-have-misunderstood-hungary-migration-geneva-convention/).

25. David Landau, « Abusive constitutionalism », *University of California Davis Law Review*, 47 / 2013, p. 189-260.

26. Voir avant tout, à ce sujet, les prises de position de la Commission de Venise du Conseil de l'Europe.

27. Voir surtout, à propos de la nouvelle Constitution hongroise, Renáta Uitz, « Can you tell when an illiberal democracy is in the making ? An appeal to comparative constitutional scholarship from Hungary », *International Journal of Constitutional Law*, 13 / 2015, p. 279-300 ; *Constitution for a Disunited Nation : On Hungary's 2011 Fundamental Law* (dir. G. A. Toth), Budapest, CEU Press, 2012 ; *Constitutional Crisis in the European Constitutional Area : Theory, Law and Politics in Hungary and Romania* (dir. A. von Bogdandy et P. Sonnevend), Oxford, Hart, 2015.

28. Cité par Agnes Batory, « Populists in government ? Hungary's « system of national cooperation » », *Democratization*, 23 / 2016, p. 283-303.

29. Dieter Grimm, « Types of constitutions », *The Oxford Handbook of Comparative Constitutional Law* (dir. M. Rosenfeld et A. Sajó), New York, Oxford University Press, 2012, p. 98-132.

30. Je remercie Wojciech Sadurski pour les aperçus qu'il m'a offerts sur ce point.

31. Karin Priester, *Rechter und linker Populismus : Annäherung an ein Chamäleon, op. cit.*, p. 14.

32. La Constitution polonaise de 1997 qui, dans son préambule, met l'accent sur l'idée de pluralisme, et qui n'impose en rien une vision exclusivement catholique de la nation polonaise, se distingue ici de la Constitution hongroise de façon plutôt intéressante.

33. Voir « Ein Schritt in Richtung Demokratie », *Frankfurter Allgemeine Zeitung*, 5 janvier 2016.

34. *Ibid.*

35. Une Constitution exclusive peut bien évidemment être aussi mise au service d'une oligarchie libérale, et il est plus que probable qu'elle deviendra tout autant, d'une manière ou d'une autre, une sérieuse pomme de discorde lorsque celle-ci devra quitter le pouvoir. L'inégalité socio-économique qui règne en Amérique latine — mais qui ne s'accompagne pas automatiquement d'une polarisation politique — est l'une des raisons principales des Constitutions exclusives (et de la pratique politique qui les accompagne).

36. Aux États-Unis — je renvoie ici encore une fois à la généalogie du mot « populisme » sur le continent américain, qui ne saurait être comprise si l'on oubliait le rôle joué par le People's Party —, les termes « populaire » et « populiste » sont souvent utilisés comme des synonymes dans la discussion juridique et politique. Ces deux termes sont historiquement liés à une revendication bien précise : celle de voir limités les pouvoirs des cours de justice. Mais la question de savoir qui devrait « prendre le relais » reste souvent sans réponse : devrait-il s'agir du Congrès ? De l'homme de la rue ? Ou d'un quelconque « outsider » ? Difficile de le savoir. Je renvoie ici à l'ouvrage qui, me semble-t-il, éclaire au mieux les débats récents, celui de Larry Kramer, *The People Themselves*, New York, Oxford University Press, 2004.

37. Helmut Dubiel, « Das Gespenst des Populismus », in *Populismus und Aufklärung* (dir. H. Dubiel), Francfort-sur-le-Main, Suhrkamp, 1986, p. 33-50 (p. 34).

38. Notons qu'on y entendit aussi des revendications témoignant d'une grande créativité, comme celle-ci : « Nous voulons un président qui ne se teigne pas les cheveux. » Voir ici Gilbert Achcar, *Le peuple veut. Une exploration radicale du soulèvement arabe*, Arles, Actes Sud / « Sindbad », 2013.

39. Voir Ernesto Laclau, *La Raison populiste*, trad. de l'anglais de J.-P. Ricard, Paris, Seuil, « L'ordre philosophique », 2008.

40. Voir également Jason Frank, *Constituent Moments : Enacting the People in Postrevolutionary America*, Durham, Duke University Press, 2010. L'idée de simples citoyens endossant le rôle de « citoyens interprètes » de la Constitution, ou même de « cofondateurs d'une Constitution », se trouve chez Corey Brettschneider, « Popular constitutionalism and the case for judicial review », *Political Theory*, 34 / 2006, p. 516-521 ; voir également Beaumont, *The Civic Constitution, op. cit.* ; et Peter Häberle, « Die offene Gesellschaft der Verfassungsinterpreten », *Juristenzeitung* [1975], p. 297-305.

41. Bryan Garsten, « Representative government and popular sovereignty », in *Political Representation* (dir. I. Shapiro, S. C. Stokes, E. J. Wood et A. S. Kirshner), *op. cit.*, p. 90-110.

42. Voir Axel Honneth, *La Lutte pour la reconnaissance*, trad. de l'allemand de P. Rusch, Paris, Gallimard, « Folio », 2013 *(N.d.T.)*.

43. Voir également Robert L. Tsai, *America's Forgotten Constitutions : Defiant Visions of Power and Community*, Cambridge, Harvard University Press, 2014.

44. Claude Lefort, « L'image du corps et le totalitarisme » [1979], in *L'Invention démocratique. Les limites de la domination totalitaire, op. cit.*, p. 172-173 *(N.d.T.)*.

45. Pierre Rosanvallon, « Revolutionary democracy », in Pierre Rosanvallon, *Democracy Past and Future* (dir. S. Moyn), *op. cit.*, p. 79-97 (p. 83 et s.).

46. Cité par Jason Frank, *Constituent Moments : Enacting the People in Postrevolutionary America, op. cit.*, p. 2. L'historien Daniel T. Rodgers a en effet souligné avec pertinence la chose suivante : « Lorsqu'on tente de comprendre la carrière du concept "le peuple", on tombe sur

des hommes qui investissent un mot de significations exceptionnelles, mais qui, ensuite, dès lors que d'autres viennent contester leur interprétation, et la souveraineté de cette interprétation, finissent par prendre leurs distances avec les conséquences de ce concept » (*ibid.*, p. 3).

47. Cité par Reinhart Koselleck, « Volk, Nation, Nationalismus, Masse », in *Geschichtliche Grundbegriffe* (dir. O. Bruner, W. Conze et R. Koselleck), vol. 7, Stuttgart, Klett-Cotta, 1992, p. 141-431 (p. 148).

48. *Ibid.*

49. Comme le souligne l'écrivain Marko Martin, « là où surgit le mot « peuple », la manipulation, dans la plupart des cas, guette ». Mais seule la prétention exclusive à la représentativité relève nécessairement de la manipulation ; voir Marko Martin, « Wir sind das Volk ! Von wegen. Das Volk gibt es nicht », *Die Welt*, 15 mars 2015.

50. Pierre Rosanvallon, « Revolutionary democracy », in Pierre Rosanvallon, *Democracy Past and Future* (dir. S. Moyn), *op. cit.*, p. 91.

51. Samuel Beckett, *Cap au pire*, trad. de l'anglais d'E. Fournier, Paris, Éditions de Minuit, 1991, p. 8 *(N.d.T.)*.

52. Les manifestations organisées sur la place Tahrir étaient pluralistes, au contraire des intentions des Frères musulmans. Ceux-ci élaborèrent un projet de Constitution exclusive, tentant ce faisant de formaliser constitutionnellement l'image qu'ils se font et qu'ils entendent imposer du bon Égyptien musulman. Leur projet constitutionnel se situait ainsi aux antipodes de tout pluralisme. Voir à ce sujet Gábor Halmai, « Guys with guns versus guys with reports : Egyptian and Hungarian Comparisons » (http://verfassungsblog.de/guys-with-guns-vs-guys-with-reports-egyptian-and-hungarian-comparisons/).

53. Voir, au sujet de ce type de protestation non verbale, purement corporelle, le récent ouvrage de Judith Butler, *Notes Towards a Performative Theory of Assembly*, Cambridge, Harvard University Press, 2015.

54. Ivan Krastev, *Democracy Disrupted : The Politics of Global Protest*, Philadelphie, University of Pennsylvania Press, 2014, p. 57.

55. « Mir geht es um Respekt », un entretien avec Erdem Gündüz, *Die Tageszeitung*, 7 septembre 2013.

III

DE LA MANIÈRE DES DÉMOCRATES DE SE CONFRONTER AU POPULISME

1. Robert Musil, « La nation comme idéal et comme réalité », in *Essais. Conférences — critique, aphorismes et réflexions*, trad. de l'allemand et préface de Ph. Jaccottet, *op. cit. (N.d.T.)*.

2. Samuel Beckett, *Cap au pire*, trad. de l'anglais d'E. Fournier, *op. cit. (N.d.T.)*.

3. Je ne traiterai pas ici de la question consistant à savoir comment les autres gouvernements nationaux et les autres organisations internationales devraient se comporter vis-à-vis des régimes populistes tels que je les ai décrits dans le deuxième chapitre. J'ai abordé cette question, pour ce qui est du contexte européen, dans mon ouvrage *Wo Europa endet : Ungarn, Brüssel und das Schicksal der liberalen Demokratie*, Berlin, Suhrkamp, 2013.

4. Cristobal Rovira Kaltwasser, « The responses of populism to Dahl's democratic dilemmas », *Political Studies*, 62 / 2014, p. 470-487.

5. Voir également, au sujet du caractère processuel de la démocratie, Paulina Ochoa Espejo, *The Time of Popular Sovereignty : Process and the Democratic State*, University Park, Penn., Penn State University Press, 2011.

6. Voir Jürgen Habermas, « Der demokratische Rechtsstaat — eine paradoxe Verbindung widersprüchlicher Prinzipien ? », in *Zeit der Übergänge. Kleine Politische Schriften IX*, Francfort-sur-le-Main, Suhrkamp, 2001, p. 133-151 [Jürgen Habermas, « Le paradoxe de l'État de droit démocratique », trad. de l'allemand de R. Rochlitz, *Les Temps modernes*, n° 601, sept.-nov. 2000, p. 76-94 *(N.d.T.)*].

7. Le passé nazi du pays, la guerre froide et la menace soviétique, les événements des années 1960 et 1970 — et particulièrement les campagnes terroristes de la Fraction

armée rouge — ont contribué à ce que soit forgée, en Allemagne, l'idée de « démocratie militante », une démocratie capable de se défendre contre les attaques dont elle pourrait être l'objet. Dans les années 1970, ce concept de « démocratie militante », qui avait, vingt ans auparavant, servi à interdire un parti communiste, fut invoqué pour justifier une législation d'état d'urgence visant les mouvances d'ultra-gauche et les suspects d'associations terroristes. Voir ici Jan-Werner Müller, *Difficile démocratie. Les idées politiques en Europe au XXe siècle*, trad. de l'anglais (États-Unis) de F. Joly, *op. cit.*, p. 297-299 *(N.d.T.)*.

8. La Loi fondamentale *[Grundgesetz]* est le texte constitutionnel de la République fédérale d'Allemagne *(N.d.T.)*.

9. Que l'État ne doive pas interdire les partis populistes est une chose ; il n'y a pas à en déduire pour autant qu'il lui faille assister passivement aux agissements des populistes dès lors que ceux-ci dénigrent des parties entières de la population ou entendent très explicitement les exclure. L'État lui-même peut offrir un contre-discours libéral-démocratique ; voir sur ce point Corey Brettschneider, *When the State Speaks, What Should It Say ?*, Princeton, Princeton University Press, 2012.

10. Stefan Rummens et Koen Abts, « Defending democracy : The concentric containment of political extremism », *Political Studies*, 58 / 2010, p. 649-665.

11. Il s'avère ainsi extrêmement difficile d'établir un lien de nature philosophique entre, d'un côté, un pluralisme de valeurs tel que put le défendre le philosophe Isaiah Berlin et, d'un autre, des principes libéraux ; voir, par exemple, à ce sujet, Robert B. Talissse, « Does value pluralism entail liberalism ? », *Journal of Moral Philosophy*, 7 / 2010, p. 302-320.

12. John Rawls, *Libéralisme politique*, trad. de l'anglais (États-Unis) de C. Audard, Paris, PUF, 1997 et 2016 pour sa 3e éd., « Quadrige » *(N.d.T.)*.

13. Timo Lochocki, « Which political processes hamper and benefit right populist parties' advances — Lessons from the German case 1982-2012 », in *Rising Populism and European Elections : Collection of Selected Contributions*,

p. 128-152 (http://www.iedonline.eu/download/2014/bratislava/IED-2014-Lessons-from-Germany.pdf).

14. Heiko Giebler, Onawa Promise Lacewell, Sven Regel et Annika Werner, « Niedergang oder Wandel ? Parteitypen und die Krise der repräsentativen Demokratie », in *Demokratie und Krise* (dir. W. Merkel), Wiesbaden, Springer, p. 181-215.

15. Peter Mair, *Ruling the Void. The Hollowing of Western Democracy, op. cit.*

16. Ivan Krastev envisage l'actuelle vague de protestation globale comme une sorte de soulèvement d'une classe moyenne libertaire qui ne proposerait aucun programme positif, mais ouvrirait la voie à une « democracy of rejection », une « démocratie du rejet » (voir Ivan Krastev, *Democracy Disrupted, op. cit.*). Si cette thèse s'avère, cette vague de protestation soi-disant active, mais de fait plutôt passive, s'accompagnerait du règne de la « démocratie du public » telle que décrite par Bernard Manin et Jeffrey Green ; voir Bernard Manin, *Principes du gouvernement représentatif, op. cit.*, ainsi que Jeffrey Edward Green, *The Eyes of the People : Democracy in an Age of Spectatorship*, New York, Oxford University Press, 2010.

17. Voir *Demokratie und Krise* (dir. W. Merkel), *op. cit.* [Voir également, pour un grand tableau des considérables vicissitudes de la démocratie en Europe tout au long du siècle précédent, Jan-Werner Müller, *Difficile démocratie. Les idées politiques en Europe au XXe siècle*, trad. de l'anglais (États-Unis) de F. Joly, *op. cit. (N.d.T.)*].

18. Frank Decker, Bernd Henningsen et Kjetil A. Jakobsen, « Revolte von rechts », in *Rechtspopulismus und Rechtsextremismus in Europa : Die Herausforderung der Zivilgesellschaft durch alte Ideologien und neue Medien* (dir. F. Decker, B. Henningsen et K. A. Jakobsen), Baden-Baden, Nomos, 2015, p. 13-25 (p. 13). Il est à coup sûr permis de se demander ici si l'Allemagne et l'Italie étaient à cette époque bien « souveraines », et si les femmes et les minorités sexuelles se seraient montrées d'accord pour dire que les principes de participation et d'égalité étaient alors « mis en valeur comme ils ne l'avaient jamais encore été »

19. Je me permets de renvoyer ici, pour un approfondissement de cette réflexion, à mon ouvrage *Difficile démocratie. Les idées politiques en Europe au XXe siècle*, trad. de l'anglais (États-Unis) de F. Joly, *op. cit.*

20. Voir aussi Peter L. Lindseth, « The paradox of parliamentary supremacy : Delegation, democracy, and dictatorship in Germany and France, 1920-1950s », *Yale Law Journal*, 113 / 2004, p. 1341-1415.

21. Voir Samuel Issacharoff, *Fragile Democracies*, New York, Cambridge University Press, 2015. Les auteurs qui critiquent les cours constitutionnelles au motif qu'elles ne seraient pas démocratiques soulignent en effet aussi qu'il peut exister, dans les démocraties fragiles, de bonnes raisons à un « *judicial review* », à un contrôle de constitutionnalité ; voir ici Jeremy Waldron, « The core of the case against judicial review », *Yale Law Journal*, 115 / 2006, p. 1346-1406.

22. Catherine Dupré, « Unconstitutional constitution : A timely concept », in *Constitutional Crisis in the European Constitutional Area* (dir. A. von Bogdandy et P. Sonnevend), Baden-Baden, Nomos, 2015, p. 351-370.

23. Cité par Zsolt Enyedi, « Plebeians, *citoyens* and aristocrats or Where is the bottom of the bottom-up ? The case of Hungary », in *European Populism in the Shadow of the Great Recession* (dir. H. Kriesi et T. S. Pappas), Colchester, ECPR Press, 2015, p. 235-250 (p. 248).

24. Voir Wolfgang Streeck, *Du temps acheté. La crise sans cesse ajournée du capitalisme démocratique*, trad. de l'allemand de F. Joly, Paris, Gallimard, « Nrf-Essais », 2014 *(N.d.T.)*.

25. Voir Hans Magnus Enzensberger, *Le Doux Monstre de Bruxelles ou L'Europe sous tutelle*, trad. de l'allemand de B. Lortholary, Paris, Gallimard, 2011 *(N.d.T.)*.

26. Référence est ici bien sûr faite à la chape d'acier *[stahlhartes Gehäuse]* de la rationalisation et de la bureaucratisation universelles, dont la genèse est reconstituée par Max Weber dans *L'Éthique protestante et l'esprit du capitalisme (N.d.T.)*.

27. L'entrée en vigueur de ce pacte fiscal dépendait de sa ratification par au moins douze États membres de la zone euro. La Finlande fut le douzième État de cette zone

euro à le ratifier, le 21 décembre 2012. Le pacte fiscal entra ainsi en vigueur le 1er janvier 2013 *(N.d.T.)*.

28. Heinrich August Winkler, « Stunde der Vereinfacher : Einheit der Gegensätze — Was rechte und linke Populisten verbindet », *Die Zeit*, 19 février 2015.

29. Hanspeter Kriesi, Edgar Grande, Romain Lachat, Martin Dolezal, Simon Bornschier et Timotheos Frey, « Globalization and the transformation of the national political space : Six European countries compared », *European Journal of Political Research*, 45 / 2006, p. 921-956.

30. Cela signifie aussi qu'il existe un rapport de causalité direct entre le degré d'avancement de l'intégration européenne et le degré d'opposition à l'Union — une thèse confirmée pour l'essentiel par les faits ; voir Theresa Kuhn, *Experiencing European Integration : Transnational Lives and European Identities*, Oxford, Oxford University Press, 2015 ; Alina Polyakova et Neil Fligstein, « Is European integration causing Europe to become more nationalist ? Evidence from the 2007-9 financial crisis », *Journal of European Public Policy*, 23 / 2016, p. 60-83.

31. Lorsque tel est le cas, les conflits civils contribuent à l'intégration de la société ; voir à ce sujet Helmut Dubiel, « Gehegte Konflikte », *Merkur*, 49 / 1995, p. 1095-1106 ; ainsi que Albert O. Hirschmann, « Des conflits sociaux comme piliers d'une société démocratique de marché », in *Un certain penchant à l'autosubversion*, trad. de l'anglais (États-Unis) de P.-E. Dauzat, Paris, Fayard, 1995, p. 337-362 *(N.d.T.)*.

32. Claude Lefort, « Les droits de l'homme en question », *Revue interdisciplinaire d'études juridiques*, 1984, n° 13, p. 39 *(N.d.T.)*.

33. Giandomenico Majone reproche à l'Union européenne une « culture politique de l'optimisme total » (Majone, *Rethinking the Union of Europe Post-Crisis : Has Integration Gone Too Far ?*, Cambridge, Cambridge University Press, 2014).

34. Monika Maron, « Merkels kopflose Politik macht die Rechten stark », *Frankfurter Allgemeine Zeitung*, 14 janvier 2016.

35. Christopher Bickerton et Carlo Invernizzi Accetti, « Populism and technocracy : Opposites or complements ? », *Critical Review of International Social and Political Philosophy*, 2015 (https://www.repository.cam.ac.uk/handle/1810/248835).

36. Karin Priester, *Rechter und linker Populismus : Annäherung an ein Chamäleon, op. cit.*, p. 22.

37. Claus Leggewie, « Der Weg in den Angststaat », *Frankfurter Allgemeine Zeitung*, 7 janvier 2016.

38. Voir Claus Offe, *Europe Entrapped*, Cambridge, Polity, 2015 ; Fitz Scharpf, « Democracy large and small. Reforming the UE to sustain democratic legitimacy on all levels », *Juncture*, 21 / 2015, p. 266-272.

39. « Si l'euro échoue, c'est l'Europe qui échoue. » Cette phrase fut initialement prononcée par Angela Merkel dans sa déclaration de politique générale du 26 octobre 2012 *(N.d.T.)*.

40. Voir Chantal Mouffe, *L'Illusion du consensus*, trad. de l'anglais de P. Colonna d'Istria, Paris, Albin Michel, 2016 *(N.d.T.)*.

41. Chantal Mouffe, « Für einen linken Populismus : Unser Gegner sind nicht Migranten, sondern die politischen und ökonomischen Kräfte des Neoliberalismus », *Internationale Politik und Gesellschaft*, 30 mars 2015 (http://www.ipg-journal.de/rubriken/soziale-demokratie/artikel/fuer-einen-linken-populismus-857/).

42. Helmut Dubiel, « Vorwort », *Populismus und Aufklärung, op. cit.*, p. 7-11 (p. 10) [Dubiel devait en partie à Leo Löwenthal, un sociologue de la littérature dont il avait édité l'œuvre complète, cette idée selon laquelle la technique rhétorique des « enjôleurs » populistes aurait tout d'une « psychanalyse renversée ». Si le psychanalyste s'efface en aidant son patient à se défaire de ses blocages et de ses angoisses, le populiste fait exactement le contraire en aiguisant les angoisses inconscientes et les obsessions de son public, et ce afin de se l'attacher *(N.d.T.)*].

43. Ernesto Laclau, « Populism : What's in a name ? », *Populism and the Mirror of Democracy*, Londres, Verso, 2005, p. 32-49 (p. 47).

44. Laclau écrit ceci : « On voit vite que la condition de

possibilité du politique et que la condition de possibilité du populisme sont identiques : tous deux présupposent une division sociale ; on constate chez tous deux un *demos* aux contours flous, avec d'un côté une partie de la communauté seulement et, d'un autre côté, un acteur se mettant lui-même en scène, sur le mode antagoniste, en tant que *l'entière* communauté » (*ibid.*, p. 48).

45. Diego Sehikman, « La ultima entrevista de Ernesto Laclau con *La Nacion* », *La Nacion*, 13 avril 2014. Laclau a présenté Mauricio Macri — le vainqueur des élections de décembre 2015 en Argentine — comme un ennemi (et non pas seulement comme un adversaire) du kirchnérisme. L'analyse de la logique structurelle du populisme chez Laclau n'est pas si objective qu'elle pourrait sembler — par exemple lorsqu'il se contente de prétendre que, depuis les années 1980, le « besoin ontologique » des travailleurs français de donner expression à des antagonismes sociaux aurait été bien plus grand que l'« attachement ontique » à un discours de gauche. Ou, pour le dire plus simplement, les prolétaires français voudraient toujours, avant tout et coûte que coûte, déclencher un conflit avec les puissants, raison pour laquelle ils voteraient aujourd'hui pour le Front national (voir *La Raison populiste, op. cit.*).

46. Mouffe, en effet, écrit également ceci : « À l'origine, mon intention était de proposer une « définition métaphorique inédite » des institutions démocratiques libérales » (voir Chantal Mouffe, *Agonistique. Penser politiquement le monde*, trad. de l'anglais de D. Beaulieu, Paris, École des Beaux-Arts de Paris, 2014 [dans notre traduction *(N.d.T.)*]). Voir, pour une critique des travaux de Mouffe et surtout de Laclau, Andrew Arato, « Political theology and populism », *Social Research*, 80 / 2013, p. 143-172 ; ainsi que Stefan Rummens, « Democracy as a non-hegemonic struggle ? Disambiguating Chantal Mouffe's agonistic model of politics », *Constellations*, 16 / 2009, p. 377-391.

47. « Que soit entravée la dynamique agonistique, pluraliste, du fait d'un manque de formes d'identification démocratiques, et alors il n'y aura pour les passions aucune soupape démocratique » (voir Chantal Mouffe, *Agonistique.*

Penser politiquement le monde, op. cit. [dans notre traduction *(N.d.T.)*]).

48. Helmut Dubiel, « Vorwort », *Populismus und Aufklärung, op. cit.*, p. 10.

49. Voir Wolfgang Streeck, *Du temps acheté. La crise sans cesse ajournée du capitalisme démocratique*, trad. de l'allemand de F. Joly, *op. cit. (N.d.T.).*

50. Claus Offe, *Europe Entrapped, op. cit.*

51. Dani Rodrik a brillamment analysé ce « trilemme » dans son ouvrage *Das Globalisierungsparadox. Die Demokratie und die Zukunft der Weltwirtschaft*, Munich, C. H. Beck, 2011.

CONCLUSION

RÉSUMÉ EN DIX THÈSES SUIVI DE QUELQUES MOTS SUR L'AVENIR DE LA DÉMOCRATIE REPRÉSENTATIVE

1. En Allemagne, au milieu des années 2000, un certain nombre de dirigeants politiques et syndicaux en appelèrent à une « insurrection des gens honnêtes » *[Aufstand der Anständigen]* contre l'extrême droite à un moment où les attaques racistes se multipliaient contre les immigrés *(N.d.T.).*

2. Voir là encore, sur ce point, Paulina Ochoa Espejo, *The Time of Popular Sovereignty : Process and the Democratic State, op. cit.*

3. Monica Brito Vieira et David Runciman, *Representation*, Cambridge, Polity, 2008.

4. Josiah Ober, « The original meaning of democracy : Capacity to do things, not majority rule », *Constellations*, 15 / 2008, p. 3-9.

5. L'ouvrage de Simon Tormey, *The End of Representative Politics* (Cambridge, Polity, 2015), est symptomatique des difficultés que pose la formulation d'une conception post-représentative de la démocratie.

DU MÊME AUTEUR

CARL SCHMITT. UN ESPRIT DANGEREUX, Armand Colin, 2007.

DIFFICILE DÉMOCRATIE. LES IDÉES POLITIQUES EN EUROPE AU XXe SIÈCLE, Alma Éditeur, 2013.

Composition : Nord Compo
Impression Novoprint
le 27 décembre 2017
Dépôt légal : décembre 2017

ISBN 978-2-07-274659-8/ Imprimé en Espagne.

323305